PETER BALLNIK

Das **Papa-Handbuch**
für Kinder ab 3

Alles, was Väter und
Kinder verbindet

Inhalt

Abenteuer:
Mit Papa hab ich
keine Angst!

Spielen:
Heut Nachmittag
hat Papa Zeit!

Sport und
Bewegung:
Flanke, Papa, Tooooor!

Entspannen
und gemeinsam
zur Ruhe finden

Lernen und Schule:
Mein Papa hat mir
das erklärt!

Zum Nachschlagen

1
2
3
4
5
6
7

Ihren **kleinen** Kindern
bauen Väter **Brücken,**
ihren **großen** Kindern
öffnen sie das
Tor zur Welt.

Vorwort

Die Verbindung zwischen Vater und Kind gleicht einer Brücke. Wie ist Ihre Vater-Kind-Brücke beschaffen? Sicher soll es keine filigrane Konstruktion sein, die beim leisesten Windhauch in sich zusammenfällt – sondern **ein robustes, festes, elegantes Bauwerk,** auf dem Vater und Kind sich auf sicherem Boden begegnen können.

So eine stabile Brücke wünsche ich Ihnen und Ihrem Kind. Dieses Buch hilft Ihnen dabei, daran weiterzubauen und sie zu gestalten.

Was Sie hier finden, ist die Essenz einerseits aus meiner beratenden Arbeit mit Vätern und ihren Kindern und andererseits aus meiner Forschungstätigkeit, **wie Vatersein gelingen kann.** Packen Sie es an. Brückenbauen ist die schönste Aufgabe für einen Vater!

Peter Ballnik

Was Väter fragen

1

→ Wie ist das mit dem Vatersein? Viele Väter sind heute verunsichert, was sie dazu beitragen können und sollen, damit ihr Kind gut aufwächst und sich gut entwickelt.

Die Fragen in diesem Kapitel werden mir häufig von Vätern gestellt, wenn sie zu mir in die Beratung kommen. Die Antworten darauf bieten eine hilfreiche Orientierung, was Vatersein alles bedeutet.

Was verbindet
Vater und Kind?

»Papa Arbeit?«, fragt der dreijährige Albert seine Mutter. Sie lächelt: »Genau, der Papa ist in der Arbeit, am Abend kommt er wieder.«

Heute kommt der kleine Albert wieder einmal alle zehn Minuten zu seiner Mutter, um sich der Existenz seines Vaters zu vergewissern. Auch wenn Papa nicht da ist, spürt Albert eine klare Verbindung zu ihm. Stefan, dem 32-jährigen Vater, geht es ähnlich: Immer wieder muss er in der Arbeit an seinen Sohn denken, da bräuchte er gar nicht das lustige Bild von ihm auf seinem Schreibtisch.

Das heißt aber nicht, dass Stefan unkonzentriert ist: Im Gegenteil, seit sein Sohn auf der Welt ist, geht ihm die Arbeit sogar leichter von der Hand. »IRGENDWIE SIND DIE PRIORITÄTEN KLARER – in der Arbeit gebe ich mein Bestes, dann schaue ich aber, dass ich nach Hause komme zu meiner Frau und zu meinem Sohn.« Seit er Vater ist, kommt Stefan kaum einmal später als 17:30 Uhr nach Hause, ohne dass sein Arbeitspensum darunter gelitten hat.

Diese beidseitige Verbundenheit zwischen Stefan und seinem kleinen Sohn kommt natürlich nicht aus dem Nichts. »Ich bin schon für meinen Albert da«, denkt er, »im Rahmen meiner Möglichkeiten eben.« Stefan hatte sich von Beginn an als Vater eingebracht, obwohl er am Anfang auch seine Schwierigkeiten damit hatte: »Diese Mutter-fixiertheit meines Sohnes ging mir schon auf die Nerven«, und wenn er ganz ehrlich ist, muss er auch zugeben: »Gut, ich war am Anfang auch eifersüchtig, immer hing der Junge an der Brust meiner Frau.« Doch je älter sein Sohn wurde, umso mehr Spaß machte Stefan sein Vatersein. »Jetzt, wo er laufen kann und auch schon reden, können wir eine Menge zusammen machen«, sagt er und freut sich auf das abendliche Spiel mit den Bauklötzen.

Ein stabiles Band durch Kontinuität

Es ist schön, wenn Ihnen im Alltag mit Ihrem Kind immer wieder etwas Neues einfällt. Tragfähig wird das Band zwischen Ihnen aber durch Wiederholungen, durch Rituale in der gemeinsamen Zeit.

»WENN ICH GROSS BIN, HEIRATE ICH DICH, PAPA«, sagt die vierjährige Michaela zu ihrem Vater Paul. »Hui, da wird die Mama aber was dagegen haben«, antwortet er wie immer, wenn Michaela dieses Thema anschneidet. Auch hier hat sich im gemeinsamen Alltag schon eine tiefe Verbundenheit zwischen Vater und Tochter entwickelt. Michaela findet ihren Papa toll – der Mann, den sie sich einmal aussuchen will, muss ihm schon ein bisschen ähnlich sein!

>> Mit einer Kindheit voll Liebe kann man ein halbes Leben hindurch haushalten. <<

[Jean Paul | *deutscher Erzähler (1763–1825)*]

»Mein Papa ist der Stärkste«, erzählt der sechsjährige Valentin im Kindergarten. »Wenn ich groß bin, werde ich genauso stark wie er.« Hier drückt Valentin seine Verbundenheit mit seinem Vater darin aus, dass er ihn ganz klar als Vorbild sieht. Auch dieses Band ist entstanden aus den Momenten des täglichen ZUSAMMENSEINS.

»Papa, komm, geh mit mir spazieren! Wie versprochen!«, wünscht sich die achtjährige Laura. Ihr Vater Ludwig macht das gerne, aber jetzt muss er sich erst von seinem Jüngsten, dem neun Monate alten Markus losreißen. Er gibt ihm noch ein Küsschen, reicht ihn der Mama und zieht dann mit seiner Tochter los. Er weiß, sie hat es gar nicht so leicht, seit der kleine Markus da ist. »Laura liegt mir aber genauso am

Herzen wie vor der Geburt von Markus – es ist, wie wenn man mit jedem Kind eine neue Liebe geschenkt bekommt.« Ludwig hat aber nicht lange Zeit, darüber nachzudenken, denn zielbewusst steuert ihn Laura Richtung Eisdiele. »Ha, das hätte ich mir denken können, meine Tochter ist ganz schön ausgefuchst«, denkt Ludwig und freut sich auf das gemeinsame Eis.

»Papa, hilfst du mir in Englisch?«, fragt Laurin (zehn Jahre) seinen Vater. Der zuckt erst einmal innerlich zusammen. »Gerade jetzt«, ist sein erster Gedanke. Doch dann sieht er in das verzweifelte Gesicht seines Sohnes und sein Widerstand SCHMILZT DAHIN. »Natürlich«, sagt er mit einem Augenzwinkern. »Du weißt aber, ich habe zurzeit selbst ziemlich viel um die Ohren, wegen des Berichts, den ich für die Firma schreiben muss.« – »Klar, weiß ich. Und das ist so lieb von dir, dass du mir trotzdem hilfst. Du erklärst außerdem viel besser als die Mama«, fügt Laurin mit einem Grinsen hinzu. »Das erzählen wir der Mama aber nicht«, sagen beide fast gleichzeitig.

Ich hab dich lieb, so wie du bist!

Ihrem Kind zur Seite zu stehen, ein offenes Ohr zu haben für seine Anliegen, das zeichnet Sie als Vater aus. Letztlich geht es ums Da-Sein mit allen Sinnen, darum, Ihr Kind zu fördern und zu fordern, aber nicht zu überfordern. Eine wichtige Voraussetzung, damit das Band zwischen Ihnen sich gut entwickeln kann, ist Ihr eindeutiges Ja zu Ihrem Kind. Von manchen Vätern kommt es zu Anfang nicht ganz so bestimmt – oft wird es erst eindeutig, wenn das Kind zu laufen und zu sprechen beginnt. »Jetzt kann ich endlich etwas mit meinem Kind anfangen«, sagen diese Väter dann erleichtert. Auch das ist in Ordnung. Schauen Sie Ihr Kind einmal in Ruhe an. Welche Gefühle tauchen in Ihnen auf? Sagen Sie, durchaus auch laut: »Du bist mein Sohn!« oder »Du bist meine Tochter!«. Dies ist das Fundament Ihrer herzlichen Verbundenheit zu Ihrem Kind.

Warum bin ich
als Vater
für mein Kind so wichtig?

In Anlehnung an den Berliner Psychologen Horst Petri sage ich gerne: Wer keine Mutter hat, findet keine Heimat, wer keinen Vater hat, findet kein Ziel. Zugegeben, es fällt leicht, Gegenbeispiele zu finden: heimatverbundene Menschen, die ohne Mutter aufwachsen mussten, oder erfolgreiche Menschen, die ihren Vater nicht gekannt haben. Die Wirklichkeit ist selbstverständlich komplexer als dieser schlichte Satz. Das ändert aber nichts am Kern der Aussage: Sie als Vater sind wichtig für die geistige, seelische und körperliche Entwicklung Ihres Kindes. Sie sind genauso wichtig wie die Mutter, nur eben auf andere Weise. Wirklich GENAUSO WICHTIG! Für manche ist diese Sichtweise neu. Viele denken, die Mutter sei die wichtigere Bezugsperson. Schauen wir genauer hin: Welche Bedeutung haben Sie als Vater für Ihr Kind?

Kinder profitieren von zwei aktiven Elternteilen

Aktuelle Forschungsergebnisse zeigen, dass sich ein Kind nicht nur in der Dyade Mutter-Kind, sondern vor allem in der TRIADE, also im Beziehungsdreieck Mutter-Vater-Kind, entwickelt. Fehlt einer der Eckpunkte des Dreiecks – sei es durch Abwesenheit, sei es durch mangelnde Beteiligung –, ist ein Kind in seiner Entwicklung benachteiligt. Vielleicht kann es sich später nicht so gut in Gruppen einordnen oder mit anderen weniger gut zusammenarbeiten. Unter Umständen ist es dann auch im Leben weniger erfolgreich. Ein Elternteil, egal ob Vater oder Mutter, kann mit der Erziehung eines Kindes überfordert sein, muss es aber nicht. Ein Elternteil ist besser als keines, na klar. Aber zwei Elternteile, die sich beide aktiv an der Erziehung und dem Alltag mit Kind beteiligen, sind ideal für dessen Entwicklung.

Ich habe einmal eine Untersuchung geleitet, in der sich herauskristallisierte, dass sich gute Väter für die Erziehung ihres Kindes IN GLEICHEM MASSE VERANTWORTLICH fühlen wie ihre Partnerin. Selbst wenn die Mutter mehr Zeit mit dem Kind verbringt, ist das allein nicht der springende Punkt. Auch wenn sie für das Baby durch die besonders enge Verbindung in der Stillzeit zunächst noch wichtiger ist: Je älter das Kind wird, umso wichtiger wird der Vater. Mit der Pubertät erreicht seine Bedeutung ihren Höhepunkt.

Väter erziehen anders als Mütter

Neueste Studien zeigen, dass sich Kinder am besten entwickeln, wenn sich der Erziehungsstil des Vaters von dem der Mutter klar unterscheidet. Kinder, die dieses Glück haben, erkennt man an Folgendem:

→ Sie sind in ihrer Kindergartengruppe bestens integriert.
→ Ihr Sozialverhalten ist erheblich weiter entwickelt – sie legen weniger Wert auf Einzelaktionen und bevorzugen gemeinsames Spielen.
→ Sie sind anderen gegenüber offener, haben mehr soziale Kontakte, gliedern sich gut in Gemeinschaften ein, handeln uneigennütziger.
→ Sie sind in der Lage, Konflikte eher durch Worte als durch Handgreiflichkeiten oder Beschimpfungen zu lösen.
→ Sie sind selbstsicherer.

Väter sind für ihr Kind oft das Tor zur Welt

Auch heute noch sind Väter oftmals stärker nach außen orientiert als Mütter. Oft ist dies den Vätern gar nicht bewusst. Doch in Gesprächen mit ihnen stellt sich schnell heraus, dass zu einem größeren Anteil sie es sind, die ihrem Kind den WEG IN DIE WELT zeigen.

Schon auf dem Kinderspielplatz sind es meist eher die Väter, die mit ihrem Kind auf dem Klettergerüst die oberste Stange als Ziel ins Visier nehmen, die es auf der Schaukel so hoch schaukeln, dass die Mutter oft gar nicht hinsehen kann. Der zehnjährige Matthias SCHWÄRMT vom letzten Urlaub: »Da war ich trampen mit Papa in Griechenland, nur mit dem Rucksack, zwei Wochen lang!« So ein Abenteuerurlaub ist typisch für Väter. Und unersetzlich – für Jungen wie für Mädchen.

Was Väter für ihre Kinder bedeuten

Väter geben Kindern Orientierung

Sie als Vater geben Ihrem Kind nicht nur immer wieder einen kleinen »Schubs« in die Welt hinaus, sondern zeigen ihm auch, wo es da draußen langgeht. Sie helfen ihm, seine Ziele zu finden und zu verfolgen. Dadurch bekommt Ihr Kind die wichtige Rückmeldung, was es richtig und gut macht. So findet es auch zu seinen Stärken. Durch die STABILEN LEITPLANKEN, die Sie Ihrem Kind links und rechts des Weges errichten, lernt es, was richtig und was falsch ist: So ist es gut. So nicht. Das darfst du. Das darfst du nicht. Sie als Vater tragen auf diese Weise wesentlich zur Bildung des Gewissens und der

INFO

Ohne Vater haben's Kinder schwer

Wussten Sie, dass 85 Prozent aller Gefängnisinsassen keinen präsenten Vater hatten? Es gibt natürlich Menschen, die den fehlenden Vater kompensieren und rechtschaffen, erfolgreich und glücklich werden. Aber das ist eine kaum zu überschätzende Lebensleistung des Kindes, der Mutter und des Umfelds. Einfacher hat es ein Kind ohne Vater jedenfalls nicht, sein Leben auf die Reihe zu bekommen.

Wertvorstellungen Ihrer Tochter oder Ihres Sohnes bei – ein wesentlicher Beitrag, damit Ihr Kind seinen Platz im Leben findet.

Väter helfen, Selbstwertgefühl zu entwickeln

Die neunjährige Angela erzählt selbstbewusst: »Ich finde es toll, wenn mein Papa stolz auf mich ist. Sonst wäre ich bestimmt auch nicht so gut in der Schule.« Wenn ein Kind nicht deutlich genug spürt, dass sein Vater stolz auf es ist, sucht es diese Anerkennung unter Umständen sein Leben lang. Wenn Ihr Kind spürt, dass Sie an es glauben und ihm vertrauen, wird es sich auch selbst vertrauen.

Väter sind Vorbilder

»Wenn ich groß bin, werde ich wie Papa!« Sehr wahrscheinlich sagt Ihr Kind, wenn es ein Junge ist, einen solchen Satz mit etwa vier Jahren. Er hat Ihre Werte und die Art und Weise, wie Sie in der Welt stehen, verinnerlicht. Fehlen Sie als Vater, fällt Ihr Junge in ein Loch, weil er sich mit der Mutter nicht identifizieren kann. Und er sucht sich woanders seine männlichen Vorbilder. Was die ihm vermitteln, entzieht sich Ihnen.

Wenn Sie eine Tochter haben, sind Sie auch für sie ein Vorbild. Vielleicht spielen Sie Fußball zusammen oder musizieren gemeinsam. Auch Ihr Mädchen verinnerlicht Ihre Haltungen und wie Sie im Leben stehen. Aber natürlich wird Ihre Tochter sich mehr mit der Mutter identifizieren und sich an ihr orientieren, was die Geschlechterrolle betrifft. Nicht zuletzt, weil sich Mama in ihren Augen DEN TOLLSTEN MANN DER WELT geangelt hat – mit drei, vier Jahren wird Ihre Tochter womöglich etwas in dieser Art verkünden: »Wenn ich groß bin, heirate ich dich, Papa!« Sie sind der erste und vorerst wichtigste Mann im Leben Ihrer Tochter – und auch eine Art Lernpartner für ihre späteren Liebesbeziehungen. Wenn Ihre Tochter Sie als präsenten, verlässlichen Vater erlebt, der mit ihr und in seiner eigenen

Partnerschaft ein gutes Gleichgewicht zwischen Nähe und Distanz findet, bekommt sie die besten Voraussetzungen dafür, später auch selbst gute Partnerschaften zu leben.

Kinder lieben ihre Väter

Die Liebe zu Ihnen als Vater gibt Ihrem Kind Lebenssinn. Machen Sie sich bewusst, dass dieser kleine Mensch Sie toll findet und Sie, zumindest anfangs, ohne irgendwelche Bedingungen liebt. Werden Sie diesem Vorschuss an VERTRAUEN UND LIEBE gerecht! Ihr Kind würde sehr darunter leiden, wenn seine Liebe für Sie ins Leere fallen und nicht erwidert werden würde.

Dafür müssen Sie als Vater präsent sein. Es kommt aber gar nicht so sehr darauf an, wie lange Sie sich für Ihr Kind im Alltag Zeit nehmen können, sondern dass Sie mit Herz und Verstand und allen Sinnen anwesend sind.

TIPP

»Deshalb braucht mich mein Kind«

Wie sehen Sie sich in Ihrer Vaterrolle – wie sieht Ihr Selbstverständnis als Vater aus? Nehmen Sie sich doch mal ein Blatt Papier und schreiben Sie auf, welche Bedeutung Sie Ihrer Ansicht nach für Ihr Kind haben: Was unternehmen Sie alles gemeinsam? Was tun Sie im Alltag regelmäßig zusammen? Welche Werte vermitteln Sie Ihrer Tochter oder Ihrem Sohn? Was lernt Ihr Kind von Ihnen? Notieren Sie alles, was Ihnen dazu einfällt.

Sie als Vater sind ebenso wie die Mutter wichtig für Ihr Kind! Es braucht Sie beide, es braucht diesen tollen Mix aus allem, was Mama und Papa ihm geben können, um sich gut zu entwickeln.

»Mein Papa ist toll!«

Ihrem Kind tut es gut, wenn es immer wieder einen Grund findet, Sie zu bewundern. Für Sie ist das sicher ebenfalls ein herrliches Gefühl, denn es bestätigt Sie darin, dass Sie als Vater auf dem richtigen Weg sind. Es ist eines der besten Dinge, die Ihrer Vater-Kind-Beziehung passieren können.

In der Familie sieht die Rollenverteilung auch heute noch meist so aus: Der Vater verdient das Geld, die Mutter ist – zumindest in der ersten Zeit – vor allem für die Kinder da. Das verschafft den Vätern einen kleinen »Startvorteil«: ihre Seltenheit. Einfach toll, wenn Papa mal richtig viel Zeit hat!

Kinder finden ihren Vater toll, …

→ … wenn sie mit ihm zusammen etwas erleben – sei es, mit Geschrei eine Wiese hinunterzurennen und sich in Papas Arme zu stürzen, sei es, gemeinsam ein tolles Buch anzuschauen.

→ … wenn sie mit ihm Interessen teilen können, ob im Fußballstadion oder beim Vogelstimmen-Erkennen.

→ … wenn Papa ihnen in Konfliktsituationen beisteht, etwa bei Schwierigkeiten mit dem Lehrer oder wenn das Auto der Nachbarn einen Kratzer abbekommen hat.

→ … wenn er weiß, was sie besonders mögen.

→ … wenn er mit ihnen feiert! Zelebrieren Sie Geburtstage, Weihnachten, Ostern. Sie schaffen damit Ereignisse, an die sich Ihr Kind sein Leben lang erinnert.

→ … wenn er mit ihnen und ihren Freunden etwas unternimmt.

→ … wenn er mit ihnen zusammen ein Baumhaus baut.

→ … wenn er ihnen beim Fahrradreparieren hilft.

→ … wenn eigentlich gerade nichts Besonderes passiert, ihnen aber plötzlich einfällt: »Papa, du bist super, ich hab dich so gern!« Einfach so aus dem Nichts.

Was gehört zu einer guten
Vater-Kind-
Beziehung?

Was Ihr Kind von Ihnen braucht und was eine gute Vater-Kind-Beziehung ausmacht, ist in meiner »Vaterpyramide« zu sehen. Sie ist ein Hauptergebnis meiner Arbeit mit Vätern und ihren Kindern. Die unteren Bausteine der Pyramide bilden das Fundament. Je älter Ihr Kind wird, umso mehr geht es nach oben – mit Ihrer Hilfe. Mit Ihrem »väterlichen Segen« wird Ihr Kind schließlich unabhängig.
Auf den folgenden Seiten lesen Sie mehr zu jedem der Stichworte.

Quelle: Forschungsbericht »Lebenswelten Vater–Kind, positive Väterlichkeit und männliche Identität«

»RASSEL« –
eine ganzheitliche väterliche Erziehung

Wie lassen sich die einzelnen Bausteine der Vaterpyramide im Alltag leben? In meiner langjährigen Arbeit mit Vätern und ihren Kindern und auch in meiner Väterforschung haben sich dafür die folgenden Bereiche herauskristallisiert, aus denen ich das RASSEL-Modell entwickelt habe.

Reden und zuhören – die Kommunikationsfähigkeit üben

Abenteuer – Mut entwickeln, sich Herausforderungen stellen

Spiel – kreativ sein, auch beim Problemlösen im Alltag

Sport – fair sein, durchhalten können, gewinnen und verlieren lernen

Entspannung – eine Balance von Stress und Entspannung finden

Lernen und Schule – das Leben und die Welt erfassen, das Fundament für die Zukunft legen

Während es bei der Vaterpyramide um das »Was« einer guten Vater-Kind-Beziehung geht, gibt Ihnen das RASSEL-Modell eine Antwort auf die Frage des »Wie«. Zum Beispiel sind Abenteuer mit Ihrem Kind beiderseits von Zuneigung und Vertrauen getragen. Sie verbringen gemeinsam Zeit, Sie sind Ihrem Kind ein Vorbild für das Verhalten in außergewöhnlichen Situationen. Das Grenzensetzen ist wichtig, damit es nicht zu riskant wird. Ihren Stolz zeigen Sie Ihrem Kind, wenn es auf einer Holzplanke den Gebirgsbach überquert. Und so weiter.

Die Merkmale der Vaterpyramide finden sich in allem, was Sie gemeinsam mit Ihrem Kind tun. Gehen Sie einmal einige Ihrer Aktivitäten auf die oben gezeigte Weise durch! Dabei werden Ihnen Stärken Ihrer Vater-Kind-Beziehung auffallen sowie Bereiche, an denen Sie noch arbeiten können.

Die folgenden Kapitel in diesem Buch sind nach dem RASSEL-Modell geordnet.

Eine starke Basis

Die Basis für Ihre Vater-Kind-Beziehung legen Sie durch Ihre Zuneigung, durch Ihr Vertrauen, durch die gemeinsame Zeit mit Ihrem Kind. Zu einem guten Fundament gehören auch verlässliche Grenzen – und dass Sie stolz auf Ihr Kind sind und ihm das auch zeigen.

Zuneigung

Ihr Kind braucht Ihre Liebe. Zeigen Sie ihm Ihre Zuneigung – im wahrsten Sinne des Wortes. Wenden Sie sich mit all Ihrer Aufmerksamkeit Ihrem Kind zu. Nicht gelegentlich, sondern regelmäßig. Je früher Sie damit anfangen, umso besser ist es für Ihr Kind. So wie der Vater der zehnjährigen Manuela und des achtjährigen Sebastian: »Meine Liebe zu den Kindern ist die Basis. Es kann schon auch mal etwas schiefgehen, ich muss als Vater NICHT PERFEKT sein.«

Vertrauen

Wenn Sie Ihr Kind schon als Baby sicher auf Ihrem Arm halten und es auf diese Weise körperlich erfährt, dass es bei Ihnen geborgen ist, legen Sie den Grundstein für sein Vertrauen in Sie. Ihre Tochter oder Ihr Sohn muss sich auf Sie verlassen können. Was Sie sagen, muss gelten, sonst hat das Vertrauen keinen sicheren Boden. Die neunjährige Judith hat das GLÜCK, vertrauen zu können: »Auf Papa kann ich mich verlassen. Wenn er mir was verspricht, hält er sich auch dran.«

Gemeinsame Zeit

Die gemeinsame Zeit mit Ihrem Kind ist das Bindemittel für Ihre Vater-Kind-Beziehung, durch das alle anderen Komponenten zusammenwirken können. Wenn Ihr Kind seinen Vater als präsent erlebt, immer wieder, kontinuierlich und beständig, können Zuneigung und Vertrauen und vieles mehr wachsen.

Dabei geht es vorrangig um die Qualität der Zeit, die Sie mit Ihrem Kind verbringen. Wie viel Zeit mit Ihnen Ihr Kind wirklich braucht, lesen Sie ab Seite 28.

Verlässliche Grenzen

Wenn Sie wilde, abenteuerliche Sachen mit Ihrem Kind unternehmen, sollten Sie dabei immer auf ein Sicherheitsseil für Ihr Kind achten, das eine Grenze für seinen Wagemut darstellt.

Grenzen setzen heißt aber auch, wenn nötig Nein zu sagen: Sie dürfen nicht nur ein »Verwöhnpapa« sein – auch wenn Sie kurzzeitig das Gefühl haben, sich unbeliebt zu machen. Ihr Kind braucht diese Grenzen. Sie geben ihm SICHERHEIT – und es muss lernen, dass es nicht alles haben kann und nicht immer bestimmen darf. Später wird es dann wie die heute 19-jährige Andrea sagen können: »So wie mir mein Vater die Grenzen gezeigt hat, habe ich auch gelernt, die Grenzen meiner Mitmenschen zu akzeptieren.« Die Grenzen, die Sie Ihrem Kind setzen sollten, ändern und erweitern sich natürlich, je älter es wird.

Ihr Stolz auf Ihr Kind

Kindern und Jugendlichen ist es sehr wichtig, dass ihr Vater stolz auf sie ist. Ihr Stolz auf Ihr Kind ist der Turbo für seinen Motor. Wann immer es geht, zeigen Sie Ihrem Kind, dass Sie stolz auf es sind: »Hey, das hast du aber gut gemacht, ich bin wirklich stolz auf dich!« Wenn es in einer Sportart gut ist, ein Instrument spielt, eine gute Note bekommt, seiner Mama Blumen bringt, einem Freund geholfen hat. Gehen Sie hin, wenn es mit seiner Theatergruppe auftritt oder bei einem Turnier mitmacht. Ihr Stolz auf Ihr Kind ist wichtig dafür, dass es aufrecht durchs Leben geht, Selbstvertrauen entwickelt, zufrieden und wahrscheinlich auch glücklich wird. Schenken Sie ihm so viel wie möglich von diesem KOSTBAREN GEFÜHL.

Hoch hinaus –
was Ihr Kind sonst noch braucht

Auf dem zuvor beschriebenen starken Fundament gründen die
weiteren Bausteine einer guten Vater-Kind-Beziehung. Sie werden im
Laufe der Entwicklung Ihres Kindes immer wichtiger. Zum Beispiel
beginnt es im Alter von drei Jahren mit Nähe und Distanz zu spielen
– die berüchtigte Trotzphase, in der Kinder um mehr Selbstständigkeit
und UNABHÄNGIGKEIT kämpfen. Mit zehn, elf Jahren ist es einiger-
maßen in der Lage, Nähe und Distanz bewusst zu regulieren. Ganz
gelingt ihm das erst, wenn es erwachsen ist – vorausgesetzt, es konnte
beim Aufwachsen die entsprechenden Lernerfahrungen machen.

Gemeinsame Unternehmungen

Schon ab etwa drei Jahren wird Ihr Kind gemeinsame Abenteuer mit
Ihnen lieben, etwa eine Fahrradtour mit Zelt oder eine Nachtwanderung. Das sind Höhepunkte in seinem Alltag, die nachwirken: Ihr
Kind entdeckt dabei neue Fähigkeiten, ob körperlich oder geistig. Es
fühlt sich in seinem Element als »Weltentdecker« und sammelt tolle,
wertvolle Erinnerungen. Mehr zum Thema lesen Sie ab Seite 80.

Ein starkes Vorbild

Bei allem, was Sie und Ihr Kind gemeinsam tun, sind Sie Vorbild für
Ihr Kind. Es beobachtet Sie viel genauer, als Sie vielleicht denken.
Mehr zum Thema Vorbild lesen Sie ab Seite 26.

Ein offenes Ohr

Ihr Kind braucht es, dass Sie sich ihm immer wieder ganz widmen,
dass Sie ihm zuhören, mit Leib und Seele. Also nicht nur »Ja, ja« sagen
und in Gedanken irgendwo anders sind. Konzentrieren Sie sich in den
wichtigen Momenten auf Ihr Kind. Mehr dazu ab Seite 46.

Balance zwischen Nähe und Distanz

Alle Eltern wollen, dass ihre Tochter oder ihr Sohn einmal seinen Weg in der Welt gehen und dort seinen Mann oder seine Frau stehen wird. Damit es dieses Ziel erreicht, braucht Ihr Kind Ihre Zuwendung – auf der anderen Seite muss es allmählich autonomer werden. In kleinen Schritten natürlich. Als angehendes Schulkind meistert es zum Beispiel langsam den SCHULWEG ALLEIN. Als Jugendlicher muss es lernen, zu den vereinbarten Zeiten nach Hause zu kommen. So werden die Kreise, die das Kind um seine Eltern zieht, immer weiter.

Gewissensbildung

Sie als Vater leisten einen entscheidenden Beitrag dazu, dass Ihr Kind ein Gewissen entwickelt und dass es Recht und Unrecht unterscheiden lernt. Durch Ihr verlässliches Grenzensetzen und Ihr Vorbildsein legen Sie DIE WURZELN dazu. Mit der Zeit verinnerlicht Ihr Kind diese Grenzen und Ihr vorbildhaftes Vorangehen, und es lebt Ihre Normen und Werte auch dann, wenn Sie gerade nicht anwesend sind. Später wird es seine eigenen Wertvorstellungen entwickeln, aber der Grundstein dafür wird in der Kindheit gelegt.

Innere Beziehungsbilder

Auch in der Liebe sind Sie für Ihr Kind Vorbild. Die Art, wie Sie und Ihre Partnerin Ihrem Kind Zweisamkeit vorleben, wird später seine eigenen Liebesbeziehungen beeinflussen. In der Pubertät wehrt es sich zwar gegen Ihre Form der Beziehung – ein paar Jahre später sieht das aber meist wieder ganz anders aus. Dieses Übernehmen der elterlichen Beziehungsbilder geschieht zunächst unbewusst. Erst als Erwachsener wird Ihr Kind bewusst darüber nachdenken. So wie die 19-jährige Sabine, die beim Gespräch über ihre Eltern meint: »So respektvoll und liebevoll wie die Beziehung zwischen meinem Vater und meiner Mutter meistens war, soll auch meine Beziehung einmal sein.«

Väterlicher Segen beim Aufbruch in die Welt

Irgendwann einmal – meist so mit Anfang 20 – ist für Ihr Kind seine Kinder- und Jugendzeit zu Ende, dann muss es auf eigenen Beinen stehen. Auch wenn Sie noch weiter für es da sind, liegt es nun an ihm, WICHTIGE ENTSCHEIDUNGEN zu Lebensort, Liebespartner, Beruf und vielem mehr selbst zu fällen. Gestalten Sie mit Ihrem Kind wenn es so weit ist einen Übergang, indem Sie ihm ganz klar signalisieren: »Jetzt bist du für dich selbst verantwortlich auf deinem Weg ins Leben.« So wie Erik, Vater des 22 Jahre alten Michael, erzählt: »Als mein Sohn erwachsen geworden ist, da haben wir eine Nacht im Wald gezeltet, haben geredet, gefeiert, und da habe ich ihn dann als erwachsen erklärt, das war für uns beide einfach schön.«

Sie bleiben Ihr Leben lang der Vater Ihres Kindes, doch Sie begegnen einander auf gleicher Augenhöhe, wenn es erwachsen geworden ist. Sie werden Ihrem Kind natürlich zur Seite stehen, wenn es Ihre Hilfe braucht. Ebenso wird es auch Ihnen nach Möglichkeit helfen, wenn sich die Gelegenheit dazu bietet.

WICHTIG

Erziehung geschieht im Eltern-Team

Sie als Vater sind wichtig für die Erziehung Ihres Kindes und für seine gute Entwicklung. Seine Mutter ist ebenso wichtig. Wirklich gut entwickeln kann ein Kind sich, wenn seine Mutter und sein Vater bestmöglich zusammenarbeiten. Es ist ähnlich wie bei einem Musikensemble oder einer Fußballmannschaft: Weltklasse erreicht man nicht durch spitzenmäßige Einzelleistungen, sondern durch spitzenmäßiges Teamwork.

Was unterscheidet
Mütter und Väter,
Töchter und Söhne?

Väter erziehen anders als Mütter, und Töchter wollen anders erzogen werden als Söhne. Auch wenn es jeweils viele Gemeinsamkeiten gibt, wollen die feinen Unterschiede ebenfalls berücksichtigt werden.

Soll ich mein Kind anders erziehen, als es seine Mutter tut?

Die Antwort ist ein eindeutiges Ja! Sehr wahrscheinlich tun Sie es ohnehin bereits. Gehen Sie mal an einem Werktag zum Spielplatz. Die Kinder spielen im Sandkasten, turnen auf den Klettergerüsten herum, schaukeln, spielen Fangen oder Verstecken. Für die meisten MÜTTER ist dies Alltag – sie sitzen auf den Parkbänken, plaudern miteinander oder lesen. Hin und wieder kommt ein Kind zur Mutter gelaufen, lässt sich trösten, holt sich etwas und geht dann wieder zu den anderen Kindern. So stärken sie ihrem Kind emotional den Rücken.

An Wochenenden und Feiertagen sieht dieses Bild vermutlich anders aus: Dann sind die VÄTER dabei – und für sie ist es etwas ganz Besonderes, unbeschwert mit ihrem Kind herumzutollen. Deshalb sind sie meist mittendrin! Sie schubsen ihre Kinder auf der Schaukel an und fahren mit ihm in der Drahtseilgondel.

Hinaus in die Welt

All das ist nicht nur von den Gegebenheiten des Alltags bestimmt, wie Studien zeigen: Schon kurz nach der Geburt gehen Väter mit ihren Säuglingen anders um als ihre Mütter. Väter heben ihr Baby hoch über den Kopf und zeigen es voller Stolz der ganzen Welt.

Väter werfen ihre Babys in die Luft und fangen sie wieder auf. Sie setzen ihr Kleinkind auf ihre Schultern und tragen es herum. Sie spielen »Flugzeug« mit ihm, indem sie es an einem Arm und Bein wild im Kreis herumschwingen. Mütter sind hier oft eher vorsichtiger – kein Wunder, haben sie doch durch die zurückliegende Schwangerschaft, Geburt und Stillzeit noch weniger Distanz zu ihrem Kind als die Väter, zumindest in den ersten Jahren.

Kinder brauchen Unterschiede

Studien haben erwiesen, dass den Kindern diese Unterschiede in dem Erziehungsstilen von Mutter und Vater gut tun. Babys mit neun Monaten, deren Väter sie ANDERS ERZIEHEN als ihre Mütter, fühlen sich deutlich sicherer. So suchen diese Säuglinge ein kurz verschwundenes Elternteil eher durch Blicke als durch Weinen, sie lassen sich entschlossener auf Erkundigungen ein und fühlen sich durch Neues stärker angezogen.

Väter und Mütter sind verschieden. Vermutlich erziehen Sie Ihr Kind aktiver, direkter und abenteuerlicher als Ihre Partnerin. Ihr Kind braucht diese Verschiedenheit, um sich optimal zu entfalten.

Partnerschaftlich erziehen

Sorgen Sie dafür, dass zwischen Ihnen als Eltern grundsätzlich Übereinstimmung herrscht – über die WERTE, die Sie Ihrem Kind vermitteln wollen. Über die erträglichen GRENZEN des Wagemuts. Und darüber, wer sich um die dreckigen Klamotten nach der Matschwanderung kümmert. Spielen Sie Ihren »Seltenheitsvorteil« nicht gegen Ihre Partnerin aus, die sich tagein, tagaus um Ihr gemeinsames Kind und vieles mehr kümmert. Übernehmen auch Sie mal die Organisation für den Ausflug ins Schwimmbad – damit Ihr Kind auch mit seiner Mutter immer wieder einmal spielerische, unbesorgte, übermütige Stunden verbringen kann.

Soll ich meine Tochter anders erziehen als meinen Sohn?

Vielleicht denken Sie bei dieser Frage: »Das ist ja ungerecht!« Es geht aber darum, dass Sie als Vater Ihrem Kind geben, was es braucht.

In meiner Väterforschung beobachtete ich gute Väter, die erst mit ihrer Tochter und dann mit ihrem Sohn spielten. Sie gaben ausnahmslos an, ihre Tochter und ihren Sohn ABSOLUT GLEICH zu behandeln. In folgenden Bereichen unterschieden diese Väter aber beim Spielverhalten zwischen ihrer Tochter und ihrem Sohn:

1 BEI DER SPRACHE: Mit den Söhnen sprachen die Väter vor allem sachlich über die Tätigkeit selbst. Mit ihren Töchtern plauderten sie über Erlebnisse und Gefühle, die mit der Sache oft wenig zu tun hatten.

2 BEIM KÖRPERKONTAKT: Zwischen Vätern und Söhnen gab es kaum körperliche Berührungen, zwischen Vätern und ihren Töchtern schon. Die Töchter regulierten über den Körperkontakt auch die gewünschte Nähe oder Distanz zum Vater.

3 BEIM AUGENKONTAKT: Väter und Söhne sahen beim Malen auf das Blatt, sie stellten nur Augenkontakt her, um sich sachlich abzustimmen. Zu ihren Töchtern dagegen nahmen die Väter immer wieder zwischendurch Blickkontakt auf und lächelten ihnen zu.

Es war den Vätern gar nicht bewusst, dass sie mit ihren Kindern so UNTERSCHIEDLICH umgingen! Sie hatten vielmehr intuitiv erfasst, dass Sohn und Tochter verschiedene Vater-Qualitäten brauchen.

Mädchen und Jungen sind verschieden. Schon ein paar Wochen alte Jungen sind fasziniert von einem sich drehenden Perpetuum mobile, während gleichaltrig Mädchen sich für runde Tafeln mit Gesichtern darauf interessieren. Bei alldem aber gilt: Ihr Kind ist einzigartig, nichts lässt sich verallgemeinern!

Welche Unterschiede Sie beachten sollten, wenn Sie mit Ihrer Tochter oder Ihrem Sohn reden, lesen Sie ab Seite 62.

Wie ist das mit dem
Vorbildsein?

Kinder und Jugendliche lernen sehr viel durch Nachahmung. Schon
sehr früh beginnt Ihr Kind, Sie und andere Bezugspersonen zu
imitieren. Wenn Ihr Kind einmal drei Jahre alt ist, werden Sie in
seinen Rollenspielen schon sehr genau sehen können, was es von
Ihnen übernommen hat! Wenn es dabei zum Beispiel eine Puppe oder
ein Stofftier zum anderen sagen lässt: »Jetzt gehst du aber sofort ins
Bett«, kann es sein, dass Sie dabei sogar Ihren Tonfall und die
Betonungen der Worte wiedererkennen – dasselbe ist oft der Fall,
wenn Ihr Kind sich am Telefon meldet. Wenn es in Ihre Schuhe
schlüpft und mit sorgenvoller Miene im Flur auf und ab geht, sollten
Sie sich eventuell überlegen, weniger zu arbeiten …

Ganz egal, was Sie SAGEN, Ihr Kind wird sich an dem orientieren, was
Sie TUN. Es wird Ihre Werte und Ihre Lebenseinstellung übernehmen.
Darum ist es vielen Vätern auch so wichtig, dass Reden und Tun
übereinstimmen, dass sie authentisch sind. So wie Eduard, Vater von
zwei kleinen Kindern, sagt: »Authentisch zu sein ist für mich wichtig.
Und dabei Grundregeln einzuhalten, wie keine Gewalt, Geduld haben,
ausreden lassen. Aber es darf auch einmal der Geduldsfaden reißen.
Auch dann ist Anschreien oder Schlagen für mich absolut tabu – aber
meine Kinder dürfen schon sehen, dass ich mich ärgere.«

Erziehung ist zwecklos;
die Kinder machen den Erwachsenen
ohnehin alles nach.

[Karl Valentin | *bayrischer Humorist (1882–1949)*]

Reden ist Silber, Handeln ist Gold

Ihr Kind orientiert sich vor allem an dem, was Sie tun, und weniger an dem, was Sie sagen. Wenn Sie eine weggeworfene Glasflasche aufheben und in den nächsten Altglascontainer werfen, hat das auf die Einstellungen Ihres Kindes und auf seine Verhaltensweisen einen größeren Einfluss, als wenn Sie lang und breit über Müllverwertung reden. Wenn Sie der nach dem Weg fragenden alten Dame freundlich und verständlich Auskunft geben, wenn Sie im Restaurant oder beim Einkaufen DANKE UND BITTE SAGEN, lernt Ihr Kind mehr über Höflichkeit als bei einem ellenlangen Vortrag. Wenn Sie in der Fußgängerzone das dargebotene Faltblatt mit Politwerbung freundlich, aber bestimmt ablehnen, lernt Ihr Kind, wie man entschieden Nein sagt, ohne andere vor den Kopf zu stoßen. Wenn Sie sich beim Fußballspielen mit Ihrem Kind fair verhalten, ohne es ständig mit Absicht gewinnen zu lassen, lernt es schnell, dass harter Kampf und grobe Fouls nicht das Gleiche sind.

Überlegen Sie, was Sie Ihrem Kind alles mitgeben wollen – und auf welche Weise Sie ihm dabei ein praktisches Vorbild sind. Wo liegen Ihre Stärken? Woran können Sie noch feilen?

Darüber, ob ihr Vater ein Vorbild für sie war, können meist erst junge Erwachsene nachdenken und berichten. Lisa, 22 Jahre, sagt heute: »Auf alle Fälle. Er hat so eine ruhige, analytische Art, an Dinge heranzugehen. Er ist auch immer bereit, über ein Thema zu diskutieren, über sich selbst nachzudenken und kritisch zu sein. Da ist er mir ein Vorbild.«

Holen Sie sich Rückmeldung von anderen

Tauschen Sie sich mit Ihrer Partnerin und mit Freunden aus, wie diese Sie als Vorbild für Ihr Kind erleben. Ein Blick von außen kann Ihnen eine gute Rückmeldung sein, ob Reden und Tun bei Ihnen übereinstimmen – und auch, welche Werte Sie Ihrem Kind vermitteln.

Wie viel Zeit
braucht mein Kind mit mir?

Wenn Sie wie viele andere Väter das Gefühl haben, zu wenig Zeit mit Ihrem Kind zu verbringen, möchte ich Sie beruhigen: Für Ihr Kind ist QUALITÄT wichtiger als QUANTITÄT. Auf Seite 16 f. sehen Sie, was einen guten Vater ausmacht. Aber auch was die Qualität betrifft, stressen Sie sich nicht. Sie müssen kein perfekter Vater sein. Es reicht, wenn Sie gut genug sind. Das merken Sie zum Beispiel daran, …

→ … dass Ihr Kind gerne mit Ihnen zusammen ist.

→ … dass Ihr Kind auf Sie wartet und sich freut, wenn Sie heimkommen.

→ … dass Sie meist innerlich lächeln, wenn Sie an Ihr Kind denken und wenn Sie mit ihm zusammen sind.

In meiner Väterstudie habe ich festgestellt, dass gute Väter unter der Woche etwa folgende Zeiten mit ihren Kindern verbringen: eine Stunde pro Tag für ein Kind von drei bis zehn Jahren, eine halbe Stunde für ein älteres Kind. An den Wochenenden braucht Ihr Kind drei bis vier Stunden pro Tag mit Ihnen. Auch wenn es zum Teenager geworden ist, sollten es noch zwei bis drei Stunden sein. Zur gemeinsamen Zeit zählt zum Beispiel auch die Hilfe bei den Hausaufgaben.

TIPP

Papa-Zeit

Verbringen Sie öfter Zeit allein mit Ihrem Kind. Wenn möglich, machen Sie ein Ritual daraus. Zum Beispiel: Jeden Samstagnachmittag ist Papa-Zeit. Entdecken Sie gemeinsame Aktivitäten von A(benteuer) bis Z(uhören). Davon hat auch Mama etwas – nämlich ein wenig Zeit für sich selbst.

Räumen Sie Ihrem Kind
erste Priorität ein

Ordnen Sie Ihrem Kind die Kategorien »wichtig« und »dringend« zu. Den vom Nachbarn geborgten RASENMÄHER pünktlich zurückzubringen mag dringend sein, aber das TRETAUTO Ihres Kindes zu reparieren ist dringend und wichtig. Wenn es irgendwie geht, reparieren Sie zuerst das Tretauto.

Je jünger Ihr Kind ist, umso langsamer scheint ihm die Zeit zu vergehen. Sagen Sie mal zu Ihrem vierjährigen Kind: »Ach, das machen wir nächste Woche.« Nächste Woche? Mit diesem abstrakten, in endlos weiter Zukunft erscheinenden Zeitpunkt kann es nichts anfangen. Wahrscheinlich fragt es Sie: »Wie oft noch schlafen?« Wenn Sie dann »siebenmal« sagen, ist es enttäuscht und zieht sich zurück – es glaubt nicht daran, dass das ersehnte Ereignis überhaupt eintritt.

Versuchen Sie, Unternehmungen nicht auf die lange Bank zu schieben. Geben Sie dem Lauf der Tage eine Struktur: »Morgen bist du doch erstmal beim Geburtstag eingeladen. Am Donnerstagabend kochen wir bei Oma. Aber am Freitag gehen wir dann zusammen deine Schuhe kaufen.« Halten Sie sich an solche Abmachungen! Überlegen Sie vorher, ob Sie an dem betreffenden Tag wirklich Zeit haben.

Gehen Sie auf die spontanen Wünsche Ihres Kindes ein

Wenn Ihre Tochter Ihnen eine ganz besondere Blume im Garten zeigen will, gehen Sie mit Ihr hinaus und BEWUNDERN SIE DIE BLUME! Die Arbeit, die Sie sich vom Büro nach Hause mitgenommen haben, können Sie auch noch erledigen, wenn Ihre Tochter schläft. Väter, deren Kinder schon groß sind, bedauern es oft, nicht genügend Zeit mit ihnen verbracht zu haben. Genießen Sie die gemeinsamen Stunden!

Wie muss sich mein Vatersein mit dem Alter meines Kindes verändern?

Wenn Ihr Kind drei Jahre alt ist, befindet es sich bereits in der Autonomiephase, auch Trotzalter genannt. Angelehnt an den Spruch »Ein Baum ist eine ganz langsame Explosion« könnte man sagen: Ab drei Jahren bis zu seinem Erwachsenwerden löst sich Ihr Kind von Ihnen und seiner Mutter ganz langsam los.

Als Ihr Kind ein Baby war, war es wahrscheinlich der Mittelpunkt Ihres Lebens. Diese Zeit ist für Eltern oftmals sehr anstrengend, aber auch voller Glück.

Bestimmt haben Sie jedoch auch – wie die meisten Väter – darauf gewartet, endlich mehr mit Ihrem Kind tun zu können. Ihre Bedeutung als Vater nimmt mit dem Alter Ihres Kindes zu.

3 bis 6 Jahre: Kindergartenzeit

Die Kindergartenzeit ist für viele Väter eine Art »Blütezeit«. Sehr wahrscheinlich ist auch Ihr Kind in dieser Zeitspanne begierig, mit Ihnen zusammen zu sein. Es will die Welt entdecken, braucht dabei aber Ihre Anregung und Unterstützung.

Sie können jetzt quasi zusehen, wie Ihr Kind seine MOTORISCHEN FÄHIGKEITEN entwickelt und seine Fertigkeiten verbessert. Plötzlich kann es Bälle fangen, auf einem Bein hüpfen und balancieren.

Auch die SPRACHLICHEN FÄHIGKEITEN Ihres Kindes entwickeln sich jetzt in rasantem Tempo weiter – dazu können Sie beitragen, indem Sie Ihr Kind als Gesprächspartner ernst nehmen und ihm auf diese Weise helfen, seinen Wortschatz und seine Ausdrucksfähigkeit ständig zu erweitern.

Mehr zum Thema »kleine Weltentdecker« lesen Sie übrigens im dritten Kapitel ab Seite 80.

»Papa und ich – ein Superteam!«

Viele Väter von bereits älteren Kindern schwärmen von der Zeit, als ihr Sohn oder ihre Tochter im Kindergartenalter war. Sehr wahrscheinlich schaut auch Ihr Kind in diesem Alter unbeschränkt bewundernd zu Ihnen auf. Es ist die Phase, in denen Kinder Ihre Väter SEHR STARK IDEALISIEREN. Manche Väter wünschen sich: »Ich weiß natürlich, dass das nicht geht … aber am liebsten wäre es mir, wenn mein Kind für immer in diesem Alter bleiben würde. Es ist zwar wahnsinnig anstrengend, aber einfach so schön.«

Fördern Sie die Eigenständigkeit Ihres Kindes

Nehmen Sie Ihrem Kind keine Tätigkeiten ab, die es schon selbst draufhat. So sollten Sie ihm zum Beispiel nicht den Stift aus der Hand nehmen, wenn es etwas zeichnet – nur weil Sie glauben, es selbst schöner zeichnen zu können. Bringen Sie Ihrem Kind frühzeitig das SCHUHEBINDEN bei. Lassen Sie es so bald wie möglich ohne Hilfe Fahrrad fahren. Erlauben Sie ihm, selbst bei der Oma oder bei seinem besten Freund daheim anzurufen. Geben Sie ihm ein kleines TASCHENGELD. Unterstützen Sie einfach alles, was die Unabhängigkeit Ihres Kindes fördert.

Machen Sie nicht den Fehler, Ihrem Kind aus gutem Willen alles Mögliche abzunehmen – dann zieht es seine Fühler, die es nach der Welt ausgestreckt hat, schnell wieder ein. Kinder, die zu viel Unterstützung bekommen, leiden ebenso wie Kinder, die zu wenig bekommen.

Kinder und **Uhren** dürfen
nicht beständig **aufgezogen** werden,
sie müssen auch **gehen.**

[Jean Paul | *deutscher Erzähler (1763–1825)*]

6 bis 10 Jahre: Grundschulzeit

In dieser Phase ist Ihr Kind in seiner motorischen Entwicklung schon sehr weit. Im kognitiven Bereich geschieht allmählich der Übergang vom konkreten zum abstrakten Denken. Das hat auch Auswirkungen auf den RADIUS IHRER UNTERNEHMUNGEN: Höhere, steilere Wege beim Wandern nehmen, auf dem Meer segeln gehen …

Mit sechs Jahren beginnt Ihr Kind, verstärkt Ihre Normen und Werte so zu verinnerlichen, dass es auch in Ihrem Sinne handelt, wenn Sie nicht anwesend sind. Das ist gut so – denn die gemeinsame Zeit mit Ihrem Kind wird in dieser Phase weniger: Einerseits fordert die Schule ihren zeitlichen Tribut, und sehr wahrscheinlich wird für Ihr Kind die Zeit mit Freunden auch immer wichtiger.

Seien Sie Ihrem Kind nicht böse, wenn es einmal sagt:

»Du Papa, du musst dich jetzt nicht mehr so viel mit mir beschäftigen«, wie es der Vater des neunjährigen Matthias mit einem lachenden und einem weinenden Auge erzählt. Punkten können Sie bei Ihrem Kind, wenn Sie weiterhin Spannendes mit ihm unternehmen.

So helfen Sie Ihrem Kind, seine Lebensträume zu verwirklichen

Sicher kennen Sie den schönen Text des Philosophen Khalil Gibran, der so beginnt: »Eure Kinder sind nicht eure Kinder. Sie sind die Söhne und Töchter der Sehnsucht des Lebens nach sich selbst. Sie kommen durch euch, aber nicht von euch, und obwohl sie mit euch sind, gehören sie euch doch nicht.« (Siehe Buchtipp Seite 154.) Ihr Kind ist auf der Welt, um sich seine Träume zu erfüllen. Selbstverständlich möchten gute Eltern nicht, dass ihr Kind stellvertretend die eigenen nicht gelebten Wünsche erfüllen soll. Ihr Kind hat seine eigenen Vorstellungen, finden Sie diese mit ihm zusammen heraus, und lassen Sie es SEINE EIGENEN TRÄUME leben!

→ Was fasziniert Ihr Kind? Was tut es besonders gerne? Welcher Sport, welches Musikinstrument begeistert es? Wo liegen seine Begabungen?

→ Spinnen Sie mit Ihrem Kind zusammen Gedankenfäden weiter, auch wenn seine Ideen Ihnen anfangs manchmal skurril und ungewöhnlich erscheinen. Träumen Sie mit ihm auf der Wiese unterm Apfelbaum, schauen Sie gemeinsam in die Wolken, suchen sie »Wolkengesichter« und überlegen Sie, wer wohl da oben in dem Flugzeug sitzt und warum. Regen Sie die Fantasie Ihres Kindes an. Aber lassen Sie es auch mal in Ruhe, wenn es für sich sein will.

→ Jedes Kind braucht auch Zeit für sich allein, damit seine Lebensträume reifen und Gestalt annehmen können. Manche Kinder brauchen sehr viel davon, andere etwas weniger.

→ Geben Sie Ihrem Kind außerdem das nötige Selbstvertrauen mit auf den Weg, damit es seinen TRÄUMEN UND WÜNSCHEN nachgehen kann. Machen Sie Ihr Kind stark. Wenn Sie mehrere Kinder haben, geben Sie nicht einem von ihnen das Gefühl, wichtiger oder unwichtiger zu sein als das andere oder die anderen. Machen Sie sich nicht über Ihr Kind lustig und schlagen Sie es nicht. Behandeln Sie Ihr Kind immer mit Respekt.

Wo stehen Sie
als Vater?

Es gibt viele verschiedene Wege, ein guter Vater zu sein. Vier Grund-
prinzipien guter Väterlichkeit habe ich in meiner Forschung ausge-
macht. Jeder Vater-Typ hat dabei seine STÄRKEN und SCHWÄ-
CHEN. Der folgende Test soll Ihnen eine Anregung sein, sich näher
damit auseinanderzusetzen, wie Sie selbst Ihr Vatersein leben.

Der Vater-Typen-Test

Kein Kind ist wie das andere – das Gleiche gilt auch für die Väter.
Allerdings kann man bestimmte Eigenschaften von Vätern beobachten, die grundlegend für den Umgang mit ihren Kindern sind.
Diese Eigenschaften stecken in jeder VATER-PERSÖNLICHKEIT, nur
eben zu unterschiedlichen Anteilen. Der Test und die Auswertung auf
den folgenden Seiten sind nicht dazu da, Sie als Vater in eine Schub-
lade zu stecken. Sie sollen vielmehr dazu dienen, dass Sie sich mit den
verschiedenen Aspekten des Vaterseins auseinandersetzen können.
Vielleicht fällt Ihnen ja auch bei dem einen oder anderen Thema etwas
dazu ein, wie Sie sich als Vater weiterentwickeln wollen. Lesen Sie
deshalb unabhängig von Ihrem Testergebnis ruhig alle Texte zu den
verschiedenen Vater-Typen durch.

Den »Superpapa« gibt es nicht

Außerdem soll der Test Sie bestärken – darin, als Vater Selbstvertrau-
en zu haben und Ihren ganz EIGENEN WEG zu gehen. Kein Vater-
Typ ist besser als ein anderer. Den perfekten Vater gibt es ohnehin
nicht. Zum Glück! Denn Ihr Kind möchte von Ihnen auch lernen, wie
man mit eigenen Fehlern und Schwächen umgehen kann.

Kein Kind braucht einen »Superman« als Vater, neben dem es sich selbst klein und hilflos vorkommt. Kinder wollen Väter, mit denen sie etwas Spannendes erleben können – mit denen sich aber auch gemütlich zu Hause Zeit verbringen lässt. Die liebevoll und locker, aber auch ernst und konsequent sein können. Die bestärken, aber auch fordern. Die sie ZUM LACHEN BRINGEN und ihnen HALT GEBEN. Die lauter gute Eigenschaften haben, wie sie in der Vaterpyramide (Seite 16) gezeigt sind. Mit solchen Vätern können Kinder sich gut entwickeln.

Zu diesem Thema habe ich nicht nur Väter und Mütter befragt, sondern auch Jugendliche und junge Erwachsene, die in der Rückschau auf Ihre Kinderzeit und ihren Vater blickten. Das wichtigste Ergebnis: Für die meisten Kinder zwischen drei und zehn Jahren ist ihr Vater auf jeden Fall der Größte – egal, wie perfekt er wirklich ist!

INFO

Mütter und Kinder wollen keine perfekten Väter

In der oben erwähnten Umfrage wehrten sich vor allem die Mütter gegen einen »Superpapa«: Sie verbanden diese Vorstellung mit Stress – für alle Beteiligten. Es tue weder dem Vater noch den Kindern gut, wenn diese ihn auf einen zu hohen Sockel stellen. Die Mütter forderten die Erlaubnis, Fehler zu machen: »Gerade als Vater ist es wichtig, den Kindern vorzuleben, dass man noch genauso wertvoll ist, wenn man Fehler macht. Viel besser als ein perfekter Vater ist ein liebevoller, zärtlicher, verständiger Vater, der aber auch konsequent ist und sich klar durchsetzen kann.« Und was sagten die befragten jungen Erwachsenen? »Stell dir vor, du hast einen perfekten Vater als Vorbild vor der Nase, dem du nie gerecht werden kannst. Das wäre echt schwierig, mit so jemandem zu leben.«

Welcher
Vater-Typ bin ich?

Kreuzen Sie in den sechs Betätigungsfeldern mit Ihrem Kind die Aussage an,
die für Sie als Vater am ehesten zutrifft. Treffen Sie Ihre Wahl möglichst spontan!
Dabei hilft es, wenn Sie die Buchstaben-Spalte mit einem Blatt Papier abdecken.

Welchen Satz sagen Sie – sinngemäß – am häufigsten zu Ihrem Kind?

→ »Was würdest du denn gerne machen?« .... B

→ »Komm mit, wir machen … !« .... A

→ »Jetzt machst du erst einmal deine Hausaufgaben.« C

→ »Ich habe eine Überraschung für dich, wir machen was ganz Spannendes.« D

Wie einigen Sie sich mit Ihrem Kind aufs Freizeitprogramm?

→ Wir gehen oft wandern – da kommt unser Kind natürlich mit! C

→ Wenn ich Zeit habe, darf mein Kind sich oft etwas wünschen, was ihm
gefällt. .... B

→ Mein Kind und ich haben immer viele verrückte, spontane Ideen, die wir
dann auch umsetzen. .... D

→ Was mein Kind und ich unternehmen, kann gar nicht wild genug sein. .... A

Wie spielen Sie mit Ihrem Kind?

→ Wir denken uns gemeinsam ständig neue Spiele aus. .... D

→ Wir spielen zusammen ein Spiel, das mein Kind sich ausgesucht hat. ..... B

→ Mein Kind ist immer Feuer und Flamme, mit mir zu spielen, egal was ich ihm
vorschlage. .... A

→ Wir spielen am liebsten Spiele mit klaren Regeln, zum Beispiel Brettspiele. C

Wie sporteln Sie mit Ihrem Kind?

→ Was mein Kind vorschlägt oder am liebsten tut, das machen wir gemeinsam.   B

→ Mein Kind soll sich für eine Sportart entscheiden und die dann konsequent
verfolgen, wenn möglich auch im Verein.   C

→ Wir machen, was ich vorschlage. Da ist mein Kind immer sofort dabei. . . . .   A

→ Ich weiß nicht, ob das unter Sport fällt ... Aber wir erfinden gemeinsam
immer neue, tolle Bewegungsmöglichkeiten. . . . .   D

Wie entspannen Sie sich mit Ihrem Kind?

→ Wir träumen oft gemeinsam vor uns hin oder denken uns zusammen
verrückte Geschichten aus. . . . .   D

→ Wir liegen schon auch mal faul herum, aber im Grunde muss sich bei uns
immer etwas rühren. . . . .   A

→ Wenn mein Kind Lust darauf hat, legen wir uns öfter mal in die Wiese und
schauen ein tolles Buch an. . . . .   B

→ Mir ist wichtig, dass sich mein Kind immer wieder auch ausruht.
Aktivität und Entspannung müssen im Gleichgewicht sein.   C

AUSWERTUNG: Welchen Buchstaben haben Sie am häufigsten, welchen am
zweithäufigsten angekreuzt? A entspricht dem Typ »Begeisternder Vater« (siehe
Seite 38), B dem Typ »Einfühlsamer Vater« (siehe Seite 40), C dem Typ »Bodenstän-
diger Vater« (siehe Seite 42) und D dem Typ »Kreativer Vater« (siehe Seite 44).
Natürlich haben Sie als Vater viele verschiedene Seiten; dennoch können Ihnen die
Typ-Beschreibungen wertvolle Hinweise geben.

Der begeisternde Vater

In Ihnen lodert das Feuer der Begeisterung! Sie können andere mitreißen und aus jeder Sache oder Situation ein spannendes Ereignis machen. Kinder lieben diese MITREISSENDE ART. Mit so einem Papa kann man die Welt entdecken und die tollsten Sachen erleben! Als begeisternder Vater wollen Sie möglichst viele Aktivitäten mit Ihrem Kind teilen. Ihre Stärken sind:

Tatkraft

Wann immer Zeit dafür ist, unternehmen Sie liebend gerne etwas mit Ihrer Tochter oder Ihrem Sohn. Aktivität steht in Ihrer Vater-Kind-Beziehung an erster Stelle. Solche »Action« liebt auch Ihr Kind.

Lebendigkeit

Egal, was Sie mit Ihrem Kind unternehmen: Sie umgibt stets eine Aura von Lebendigkeit. So fühlt sich auch Ihre Tochter oder Ihr Sohn lebendig und nimmt sich den Papa als Vorbild: Ihr Kind will genauso aktiv und mitreißend sein wie Sie!

Abenteuer

Begeisternde Väter beherrschen die Kunst, aus allem ein Abenteuer zu machen – aus jedem Spaziergang, aus jedem Herumtollen und sogar aus jedem Spielplatzbesuch oder Supermarkteinkauf.

Motivation

Sie sind wahrscheinlich ein wahrer Meister darin, Ihr Kind zu motivieren. Das gelingt auch dadurch, dass Sie es gerne bei allen Aktivitäten dabeihaben – auch bei solchen, die andere Väter lieber ohne Kind machen: zum Beispiel beim Klettern oder Bergsteigen, beim Einkaufen im Baumarkt, beim (gemeinsamen) Friseurbesuch …

Sie wissen, was Sie tun müssen, damit andere Feuer fangen. Damit die Flammen keinen Schaden anrichten, sollten Sie Folgendes beachten:

1 AKZEPTIEREN SIE den wachsenden eigenen Willen Ihres Kindes! Mit fortschreitendem Alter will Ihre Tochter oder Ihr Sohn eigene Ideen und Aktivitäten umsetzen – gehen Sie darauf ein, auch wenn sie Ihnen spontan nicht so reizvoll erscheinen. Wer weiß, vielleicht kann Ihr Kind ja Begeisterung in Ihnen wecken?

2 ÜBERFORDERN SIE IHR KIND NICHT! Vor lauter Abenteuerlust kann es schon passieren, dass Sie zum Beispiel mit dem Fahrrad so richtig Gas geben und nicht gleich merken, dass Ihr 5-jähriges Kind schon aus der Puste kommt. Gönnen Sie sich und ihm auch mal Ruhephasen zum Nichtstun, in denen es das Erlebte verarbeiten kann.

3 ACHTEN SIE AUF DAS SICHERHEITSBEDÜRFNIS der Mutter Ihrer Kinder! Die Ansichten darüber, womit Kinder klarkommen, gehen immer mal auseinander. Stimmen Sie sich ab.

4 LERNEN SIE ZU GEGEBENER ZEIT, Ihr Kind loszulassen, und pflegen Sie eigene Freundschaften und Interessen ohne Kind! Es kommt eine Zeit, in der Sie nicht mehr die Nummer eins für Ihr Kind sind – spätestens am Ende der Grundschulzeit will es verstärkt Zeit mit Freunden und Freundinnen verbringen. Akzeptieren Sie das.

TIPP

Lesen Sie in diesem Buch besonders …

→ … wie Sie eine gute Vater-Kind-Beziehung leben können: ab Seite 16,

→ … wie Sie Ihrem Kind wirklich zuhören können: ab Seite 46,

→ … das Kapitel »Entspannen«: ab Seite 131,

→ … was Sie von Ihrem Kind lernen können: Seite 153.

Der einfühlsame Vater

Sie verstehen es, alle Ihre Sinne auf Ihr Kind auszurichten und in sein Herz zu schauen. Gemeinsam mit Ihrem Kind hinterfragen Sie auch, was in der Welt vorgeht. Als einfühlsamem Vater ist es Ihnen sehr wichtig, Ihrer Tochter oder Ihrem Sohn VERSTÄNDNIS für das eigene Ich und für andere zu vermitteln. Ihre Stärken sind:

Tiefe

Als Vater mit Tiefgang können Sie sich gut in Ihr Kind hineinfühlen und vermitteln ihm Werte wie Liebe, Gerechtigkeit und Gemeinschaftssinn – damit es mit sich und anderen gut klarkommt.

Kompromiss- und Konsensbereitschaft

Sie verhandeln gerne mit Ihrem Kind. Nur so lernt es Kompromisse zu erzielen. Es lernt aber auch, wo seine persönlichen Grenzen der Kompromissbereitschaft und die anderer Menschen liegen.

Das Kind im Blick

Sie haben Ihr Kind stets im Blick. Sie geben ihm keine Richtung vor, sondern versuchen zuerst einmal zu erfahren, wo es hin will. Sie tun vieles gern gemeinsam mit Ihrem Kind, weil Ihr Kind es gern tut. Hauptsache, Ihr Kind hat Freude daran.

Hingabe

Als einfühlsamer Vater verbringen Sie so viel Zeit wie möglich mit Ihrem Kind, und zwar am liebsten so, dass es sich mit Ihnen wohlfühlt. Sie hören Ihrem Kind aufmerksam zu und gehen intensiv auf seine Fragen ein, teilen seine Vorfreude auf ein schönes Ereignis, nehmen seine Nöte und Ängste ernst. Auch seine Vorschläge für das Gestalten der gemeinsamen Zeit nehmen Sie gern und oft an.

Worauf einfühlsame Väter achten sollten

Bei Ihnen fühlt sich Ihr Kind einfach wohl – und wahrscheinlich auch andere Menschen. Sie legen Wert auf viel gemeinsam verbrachte Zeit. Damit Sie trotz aller Harmonie als Vater klare Konturen bewahren, denken Sie an Folgendes:

1 SETZEN SIE ALTERSGERECHTE GRENZEN! Wenn Sie immer nur Ihr Kind im Auge haben, kann es passieren, dass Sie diese Grenzen zu spät oder gar nicht setzen. Manchmal braucht Ihr Kind aber ein klares Nein von Ihnen. Ihr Harmoniebedürfnis sollte Sie nicht dazu verleiten, passiv zu werden. Haben Sie keine Sorge, sich mit einem ruhigen, bestimmten Nein unbeliebt zu machen: Das Gegenteil ist der Fall! – Ihr Kind wird umso mehr Bewunderung und Respekt für Sie haben.

2 WENN SIE NUR IHR KIND IM BLICK HABEN, kann es sein, dass Sie Ihre eigenen Impulse und Wünsche allzu oft übersehen. Doch Ihr Kind braucht ein aktives Gegenüber. Es findet auch Ihre Anregungen bereichernd. Außerdem lernt es am Beispiel seiner Eltern (und Geschwister), die Bedürfnisse und Grenzen anderer Menschen zu respektieren. Verzichten Sie nicht Ihrem Nachwuchs zuliebe auf wichtige Freundschaften, Hobbys und Interessen – auch wenn Sie mit Kind natürlich weniger Zeit dafür haben. So bleiben Sie für Ihren Sohn oder Ihre Tochter ein interessantes, anregendes Gegenüber.

TIPP

Lesen Sie in diesem Buch besonders …

→ … wie Sie eine gute Vater-Kind-Beziehung leben können: ab Seite 16,

→ … wie das mit dem Vorbildsein ist: ab Seite 13,

→ … das Kapitel zum Thema Abenteuer: ab Seite 80.

Der bodenständige Vater

Sie strahlen sehr viel RUHE UND GEDULD aus – Sie sind als Vater ein Fels in der Brandung. Ihr Kind weiß, dass es sich auf Sie verlassen kann. Ihre Stärken sind:

Klarheit

Sie zeigt sich vor allem darin, wie Sie Ihr Kind mit der Welt um es herum vertraut machen. Sie sorgen dafür, dass es nicht den Boden unter den Füßen verliert, wenn es nach den Sternen greift.

Sicherheit

Durch Ihre Präsenz und auch durch gemeinsame Gespräche vermitteln Sie Ihrem Kind Sicherheit. Es weiß, dass Sie immer für es da sind – ob bei kleinen Wehwehchen oder bei großen Sorgen, ob beim Auf-den-Baum-Klettern oder beim Lernen für die Mathearbeit.

Ruhe und Geduld

Sie sind kaum aus der Ruhe zu bringen. Selbst wenn Ihr Kind einmal tobt und spuckt oder quengelt und jammert, bleiben Sie ruhig und gelassen. Das liegt daran, dass Sie sich durchsetzen, bevor Sie sich wirklich genervt und gestresst fühlen. Manchmal müssen Sie vielleicht etwas lauter sagen: »Jetzt reicht es.« Aber innerlich aufwühlen wird Sie eine solche Situation eher nicht.

Beständigkeit

Selbst wenn Sie beruflich stark eingespannt sind und es in Ihrem Arbeitsalltag oftmals drunter und drüber geht, achten Sie auf eine kontinuierlich gute Vater-Kind-Beziehung. Die Wochenenden reservieren Sie sich meist kompromisslos für Ihre Familie. Denn die geht für Sie einfach vor.

Worauf bodenständige Väter achten sollten

Sie geben Ihrem Kind viel Sicherheit und Halt. So werden Sie auch der Gefühlswelt und der Individualität Ihres Kindes gerecht:

1. **IN BESTIMMTEN ENTWICKLUNGSPHASEN**, zum Beispiel zwischen vier und sechs Jahren, entwickeln Kinder eine rege Vorstellungskraft. Auch die Fantasiewelt Ihres Kindes ist real! Der Stuhl wird zum Schiff, der Teppich zum Ozean. Nicht selten haben Kinder auch einen unsichtbaren Freund. Spielen Sie mit, wenn Ihr Kind das möchte!

2. **RESPEKTIEREN SIE,** dass auch Ihr Kind Freiräume braucht. Sie möchten eventuell gern in vielen Bereichen über die Realität Ihres Kindes bestimmen. Doch es braucht auch die Chance, in ein eigenständiges Leben hineinzuwachsen. Kinder müssen (auch) aus Erfahrung lernen. Lassen Sie Ihr Kind unbedingt immer wieder einmal gewähren, auch wenn Sie anderer Meinung sind. Wenn Ihre Tochter zum Fasching unbedingt als Roboter gehen will – bitteschön! Das Kostüm aus Pappkartons kann sie sich ja (mit Ihrer Hilfe) selbst basteln.

3. **GEHEN SIE AUF DIE GEFÜHLE IHRES KINDES EIN!** Vielleicht fragen Sie sich oft erstaunt, warum Ihr Kind wütend ist oder sich zurückzieht. Seine Gefühle sind aber auch dann Realität, wenn Sie sie ab und zu nicht nachvollziehen können. Reden Sie mit Ihrem Kind viel über Gefühle. Weisen Sie es nicht ab, wenn es von selbst damit anfängt.

TIPP

Lesen Sie in diesem Buch besonders …

→ … wie Sie eine gute Vater-Kind-Beziehung leben können: ab Seite 16,

→ … wie Sie Ihrem Kind wirklich zuhören können: ab Seite 47,

→ … was Sie von Ihrem Kind lernen können: Seite 153,

→ … das Kapitel »Spielen: Heut Nachmittag hat Papa Zeit!« (ab Seite 102).

Der kreative Vater

Sie verstehen es, für Ihr Kind die Welt immer noch ein Stück bunter zu machen. Ihnen fällt auch immer wieder etwas ein, um es aus der Welt der Computer, DVDs und Spielkonsolen zu locken. Kreative Väter sind MEISTER DES AUGENBLICKS und führen ihr Kind mit offenen, wachen Augen in die Welt hinaus. Ihre Stärken sind:

Flexibilität

Wie das Leben auch spielt, Sie gewinnen der Situation das Beste ab. In Ihrer Küche ist das Salz alle und draußen schüttet es? Sie erklären den Tag zum Festtag und bestellen eine Familienpizza – wer will, darf heute mal mit den Fingern essen.

Vielseitigkeit

Ihnen fällt immer etwas ein: Ihr Kind ist erkältet? Statt des versprochenen Zoobesuchs lesen Sie ihm aus dem »Dschungelbuch« vor. Es bringt eine schlechte Note heim? Sie nehmen das zum Anlass, eine intensive, unterhaltsame Lern-Zeit mit Ihrem Kind zu verbringen …

Neugier

Als kreativer Mensch sind Sie unstillbar neugierig. Egal, ob Sie gemeinsam mit Ihrem Kind die Pfade der Waldameisen verfolgen oder ob Sie miteinander erkunden, wie ein Radio funktioniert – Ihr Forscherdrang verbindet Sie sicherlich mit Ihrem Kind.

Gesprächsbereitschaft

Ihre Fähigkeit, sich auf neue Anforderungen einzustellen, zeigt sich auch darin, wie Sie Gespräche führen: Ihnen geht es um den Dialog und nicht um Befehle oder ellenlange Vorträge. Sie gehen auf Ihr Kind ein und nehmen auch seine Anregungen oder seine Kritik an.

Worauf kreative Väter achten sollten

Mit Ihnen zusammen zu sein macht Ihrem Kind riesig Spaß. Damit es nicht zu oft Zeit und Raum vergisst, achten Sie auf Folgendes:

1 SETZEN SIE DIE NOTWENDIGEN GRENZEN für Ihr Kind! Vielleicht kennen Sie das: Eigentlich wollte Ihr Kind zum Fußball-training. Aber mit Papa zusammenzusein macht gerade so viel Spaß. Ihr Kind startet ein Ablenkungsmanöver: zum Beispiel mit einer tollen Erfindung, die es gerade austüftelt. Ehe Sie sich's versehen, zeichnen Sie einen Plan miteinander. Das ist toll! Aber die Teamkameraden lässt man nicht warten, und basteln kann man auch am nächsten Tag noch.

2 DEN TATSACHEN INS AUGE BLICKEN: Wenn Vater und Kind an neuen Ideen basteln, vergessen die beiden schon mal die Welt um sich herum. Und dass die Hausaufgaben noch nicht gemacht sind. Als Vater müssen Sie auch darauf achten, dass Ihr Kind die Anforderungen der Realität nicht vergisst! Das gibt ihm Halt und Zielstrebigkeit.

3 VERGESSEN SIE SICH SELBST NICHT! Gerade wenn Sie als kreativer Vater darin aufgehen, was Sie alles für Ihr Kind und mit Ihrem Kind tun wollen. Achten Sie auf ihr inneres Gleichgewicht – nehmen Sie sich regelmäßig Zeit für eigene Interessen oder zum Nichtstun.

TIPP

Lesen Sie in diesem Buch besonders …

→ … wie Sie eine gute Vater-Kind-Beziehung leben können: ab Seite 16,

→ … wie das mit dem Vorbildsein ist: ab Seite 13,

→ … wie Sie mit Ihrem Kind altersgemäß kommunizieren können: ab Seite 66,

→ … wie Sie selbst auch mal zur Ruhe kommen: ab Seite 49 und 131.

Reden und Zuhören:
Papa versteht mich!

→ Im Gespräch mit Ihrem Kind vertiefen Sie die
Zuneigung und das Vertrauen zueinander und
geben ihm ein Vorbild dafür, wie man mit
anderen Menschen und sich selbst sorgsam
umgeht. Sie machen es stark für Kontakte
und Beziehungen. Lassen Sie sich darauf ein,
sich von Ihrem Kind in neue Welten führen zu
lassen – genießen Sie es, sich miteinander
auszutauschen.

Wie Sie sich
im Gespräch
auf Ihr Kind einstellen können

Erinnern Sie sich daran, wie Ihr Kind zum ersten Mal »Papa« zu Ihnen gesagt hat? War das nicht ein berauschendes, beglückendes, rührendes, stolzes Gefühl? Wollten Sie in diesem Moment nicht einfach DIE GANZE WELT UMARMEN? Eines der ersten Worte Ihres Kindes – direkt an Sie gerichtet! Wenn Ihr Kind mit Ihnen zu sprechen beginnt und auch anfängt Ihnen zuzuhören, bildet sich Schritt für Schritt ein sprachliches Band zwischen Ihnen beiden. Daran kann Ihr Vatersein sehr gut anknüpfen.

Damit Ihre kleinen und großen Unterhaltungen Ihnen beiden Freude bereiten, müssen Sie sich als Erwachsener auf Ihr Kind und seine Entwicklungsstufe einstellen und ihm gut zuhören. Berücksichtigen Sie, dass Sie Ihrem Kind verbal überlegen sind – umso mehr, je jünger es ist. Für Sie als Vater ist dabei eine »zweite Spur« im Kopf hilfreich, auf die Sie wechseln können, wenn Sie mit Ihrem Kind sprechen – so relativieren Sie Ihre Überlegenheit. Wahrscheinlich tun Sie das ohnehin schon intuitiv.

Geben Sie Ihrem Kind zahlreiche Gelegenheiten, ein Gespräch anzu-fangen: Sprechen Sie mit ihm übers Wetter. Über die anstehende Ge-burtstagsparty bei einem Freund. Über den letzten und den nächsten Urlaub. Über einen Film, den Sie gemeinsam gesehen haben …

Lassen Sie sich auch immer wieder einmal darauf ein, mit Ihrem Kind zu PHILOSOPHIEREN, und staunen Sie, was Sie dabei alles darüber erfahren, wie es die Welt sieht! Erzählen Sie Ihrem Kind Geschichten – ob erfundene oder selbst erlebte. Nutzen Sie gemeinsame Brettspiele für Unterhaltungen. Tun Sie einfach immer wieder etwas dafür, mit Ihrem Kind im Gespräch zu bleiben!

Übergänge gestalten

Manchmal finden Sie als Vater wahrscheinlich nicht so leicht den ZUGANG ZU IHRER INTUITION, was den Umgang mit Ihrem Kind betrifft. Besonders nach einem stressigen Arbeitstag, aber auch zum Beispiel kurz nach dem Aufwachen, wenn Ihr Kind es gar nicht mehr erwarten kann, dass Papa für es da ist. Damit Sie sich sprachlich besser auf Ihr Kind einstellen können, bieten Ihnen zunächst die folgenden Fragen eine gute Orientierung:

→ Was kann mein Kind von dem verstehen, was ich ihm sage? Was kann es noch nicht verstehen? Sagen Sie ihm in wenigen, kurzen Sätzen seinem Alter entsprechend (siehe ab Seite 66), wie Sie sich fühlen und was Sie von ihm erwarten.

→ Was will mein Kind eigentlich gerade von mir? Was fühlt es und was braucht es? Was will ich? Wie reden wir darüber? Achten Sie beim Miteinanderreden nicht nur auf die Worte Ihres Kindes, sondern auch auf seine Körperhaltung, seine Stimme und seine Stimmung. Sicher kennen Sie Ihr Kind gut genug, um zu wissen, ob sich ein bestimmtes Thema auch auf einen absehbaren späteren Zeitpunkt verschieben lässt, oder ob es keinen Aufschub duldet.

Machen Sie Ihren Kopf frei für Ihr Kind

Es ist nur natürlich, wenn es Ihnen nicht immer leichtfällt, sich wirklich auf Ihr Kind einzulassen. Nicht nur körperlich anwesend, sondern wirklich mit Ihrer ganzen Aufmerksamkeit präsent zu sein. Besonders schwierig ist das, wenn Sie mit Ihrem Kopf noch bei der Arbeit sind. Zum einen finden Sie dann nicht zu der Sprache, die für Ihr Kind reserviert ist und die es verstehen kann (siehe Seite 60). Zweitens braucht es IHRE UNGETEILTE AUFMERKSAMKEIT. Um die Arbeit des Tages wirklich hinter sich zu lassen, ist es sehr hilfreich, bewusst Übergänge zu schaffen.

Erfahrungsbericht

Michael, 39, 2 Kinder:

»Früher konnte ich nach einem Arbeitstag oft überhaupt nicht abschalten. Mein Beruf als Filialleiter einer Bank ist sehr stressig. Manchmal drehte sich spätestens am Nachmittag ein richtiges Karussell in meinem Kopf. Sehr oft bin ich den Weg nach Hause gefahren, als wäre ich auf Autopilot gestellt.

Mein fünfjähriger Sohn Maxi und meine dreijährige Tochter Lena standen dann immer schon an der Wohnungstür, um mich zu begrüßen und mir zu erzählen, was sie tagsüber alles gemacht hatten. Und ich habe ihnen so oft nicht zugehört und, was noch schlimmer ist, sie sogar manchmal angefahren, dass sie mich in Ruhe lassen sollen! Dann habe ich mich erst mal in mein Arbeitszimmer zurückgezogen.

In meinem Stress habe ich gar nicht bemerkt, wie sehr die beiden mein abweisendes Verhalten getroffen hat. Ich habe einfach nicht kapiert, wie sehr meine Kinder sich jeden Tag auf mich gefreut haben! Auf all das musste mich erst meine Partnerin hinweisen.

Irgendwann habe ich dann doch begriffen: So kann es nicht weitergehen. Ich wollte wieder handlungsfähig sein und mich nicht mehr von den Gedanken an die Arbeit beherrschen lassen. Ich habe gelernt, bewusst einen Übergang von der Arbeit zur Familie zu gestalten – hier der Job, da zu Hause. Die Lösung war eigentlich ganz einfach: Wenn es das Wetter halbwegs erlaubt, fahre ich nicht mehr mit dem Auto, sondern mit dem Rad zur Arbeit. Dabei kann ich wunderbar abschalten oder auch noch mal angestauten Ärger abbauen. Das macht mich innerlich frei. Heute freue ich mich, wenn ich heimkomme und mich meine zwei Rabauken schon am Eingang abpassen. Und das Ganze hat noch einen weiteren Vorteil: Ich kann durch den bewussten Übergang und die entspannte, erholsame Bewegung den Feierabend auch selbst viel intensiver genießen.«

Gestalten Sie Übergänge für sich

Sie möchten im Beruf Erfolg haben, und Sie möchten Ihr Familienleben genießen. Dafür müssen Sie die beiden Bereiche trennen.

Verlassen Sie Ihren Arbeitsplatz ganz bewusst: Während Sie die Türschwelle übertreten, lassen Sie alles Erledigte und Unerledigte hinter sich. Schließen Sie die Tür. Stellen Sie sich Arbeit und zu Hause wie DIE BEIDEN UFER EINES FLUSSES vor: Um gut ans andere Ufer zu kommen, brauchen Sie eine Brücke. Wie könnte die aussehen?

Nutzen Sie auf jeden Fall den Arbeitsweg zum Umschalten: Sollten während der Fahrt nach Hause noch Gedanken und Bilder zu Ihrer Arbeit auftauchen, nehmen Sie sie wahr, lassen Sie sie aber einfach vorbeiziehen. Erlauben Sie diesen Gedanken nicht mehr, sich fest in Ihrem Kopf einzunisten. Konzentrieren Sie sich auf den Weg. Nehmen Sie die Umgebung wahr, durch die Sie fahren oder gehen. Vielleicht steigen Sie dafür vom Auto auf Rad oder Bus um … Dann wird schon der Heimweg zur Entspannung.

Wenn Ihre Arbeit Sie gar nicht loslässt, legen Sie eine EXTRAPAUSE ein: Halten Sie zum Beispiel an einem schönen Café an und gönnen sich einen Cappuccino – in aller Ruhe. Betrachten Sie dabei einfach mal Ihre Umgebung oder den Himmel und lauschen Sie Ihrem Atem. Oder Sie genießen die kleine Etappe gemeinsam mit einem guten Freund, der sich ebenfalls über das Viertelstündchen Pause freut. Es hilft auch, wenn Sie unterwegs anhalten und sich ein wenig »austoben«, etwa mit einem kurzen Lauf oder ein paar Gymnastikübungen. Bewegung ist das beste Mittel, um schnell Stress abzubauen. Viele können außerdem Dampf ablassen, wenn sie im Auto laut zur aktuellen Lieblings-CD singen – hört ja keiner!

Wenn Sie das Gefühl haben, Sie sind innerlich so weit, sich auf Ihre Familie einzulassen, setzen Sie Ihren Heimweg fort. Wenn unterwegs in Ihnen Bilder von Ihrer Familie auftauchen, begrüßen Sie diese und freuen Sie sich – DER ÜBERGANG IST GESCHAFFT.

Gestalten Sie Übergänge mit Ihrem Kind

Ist Ihr Kind jünger als sechs Jahre, kann es wahrscheinlich noch nicht warten, wenn es Ihnen etwas zeigen oder sagen will. Es kann seine Impulse noch nicht lange aufschieben. Erst wenn es genügend Aufmerksamkeit bekommen hat, wenn es Ihnen das Wichtigste erzählen oder zeigen durfte, kann es sich wieder zurücknehmen. Sagen Sie abschließend zum Beispiel: »Schön, dass du mir das erzählt hast! Ich bin auch wirklich stolz auf dich. Weißt du, ich habe heute viel gearbeitet und lege mich jetzt mal für eine Viertelstunde aufs Sofa. Nach dem Essen habe ich dann ganz viel Zeit für dich! Wärst du so lieb, mir noch ein Glas Saft zu bringen?« SICHER FREUT IHR KIND SICH über diese kleine Aufgabe und gönnt Ihnen die Pause.

Sie können daraus auch ein festes Ritual machen: Wenn Sie nach Hause kommen, darf erst einmal das Wichtigste vom Tage erzählt werden. Dann hat Papa ein halbe Stunde Pause. Wenn Sie einen guten Draht zu Ihrem Kind haben, wird es das respektieren.

TIPP

Eine kleine Atempause

Der Spagat zwischen Beruf und Familie kann ziemlich anstrengend sein. An manchen Tagen können Sie sich vielleicht nicht so auf Ihr Kind einlassen, wie Sie es gerne möchten. Suchen Sie für solche Momente nach Aktivitäten, die Ihnen ebenso wie Ihrem Kind gut tun, bei denen nicht viel geredet werden muss und bei denen Ihr Kind mit seiner Aufmerksamkeit bei der Sache ist – ob das ein flotter Waldspaziergang ist oder eine Runde Tischkicker. Vielleicht kochen Sie gern und bereiten gemeinsam mit Ihrem Kind ein leckeres Abendessen zu. Oder Sie massieren sich gegenseitig ausgiebig den Rücken. Hauptsache, beide haben etwas davon!

Wie Sie
Ihrem Kind
wirklich zuhören können

Kinder wünschen sich, dass ihr Vater ihnen zuhört – so wie es die neunjährige Antonia auf den Punkt bringt: »Wenn mein Papa mir zuhört, ist er wirklich für mich da.« Dass Sie Ihrem Kind gut zuhören, ist wichtig für sein Selbstvertrauen und das Vertrauensverhältnis zwischen Ihnen beiden. Es entscheidet mit darüber, ob es sich von Ihnen angenommen fühlt oder nicht. Ihrem Kind gut zuhören zu können ist eine sehr entscheidende Voraussetzung dafür, dass Ihre VATER-KIND-BEZIEHUNG GELINGT. Erst wenn Sie es schaffen, sich wirklich auf Ihre Tochter, Ihren Sohn einzulassen, können Sie altersgemäß mit ihr oder ihm kommunizieren.

Ihrem Kind zuzuhören bedeutet ...

1 Zuwendung: Mit voller Aufmerksamkeit zuhören

2 Hingabe: Eigene Bedürfnisse für den Moment zurückstellen

3 Auf die Inhalte achten: Was sagt mir mein Kind?

4 Untertöne heraushören: Wie ist mein Kind gestimmt?

5 Die Botschaft erkennen: Was braucht mein Kind gerade?

Ein Gespräch in Gang bringen

Zuhören ist für Ihr Kind besonders wichtig, wenn es ihm gerade nicht so gut geht: wenn es stiller oder aufgedrehter ist als sonst, wenn es sich zurückzieht, wenn es sogar Dinge, die ihm sonst Spaß machen, lustlos tut oder gar nicht tun will. Um in solchen Situationen mit Ihrem Kind in Kontakt zu kommen, eignen sich »Türöffner« sehr gut, aus denen sich ein Gespräch entwickeln kann. Zum Beispiel:

1. **SIE LÄCHELN IHR KIND AUFMUNTERND AN.** »Na, wie geht's, meine Große/mein Großer? ... Du siehst so unzufrieden aus, was ist denn los?« Vielleicht hat ja Ihr Kind nur darauf gewartet, Ihnen sein Herz ausschütten zu dürfen.

2. **IST DIE TÜR EINMAL EIN STÜCK OFFEN,** lassen Sie Ihr Kind einfach reden. Geben Sie ihm zu verstehen, dass Sie ihm zuhören, am besten durch kleine Signale, wie zum Beispiel: »Aha« – »Mhm« – »Interessant« – »Im Ernst?« – »Wirklich?«

3. **WENN SIE MERKEN, DASS DAS NOCH NICHT ALLES WAR,** ermuntern Sie Ihr Kind, Ihnen zu erzählen, was in ihm vorgeht. Fordern Sie es auf weiterzusprechen, zum Beispiel so: »Erzähl mir davon.« – »Schieß los, ich höre.« – »Was meinst du denn zu der Sache?« – »Erzähl mir doch die ganze Geschichte.«

Manche Kinder sind einfach etwas schweigsamer als andere – auch das sollte okay sein. Geben Sie Ihrem Kind aber immer wieder die Gelegenheit, sich Ihnen anzuvertrauen. Es muss wissen, dass es mit seinen kleinen und großen Sorgen nicht allein ist.

Wenn Ihr Kind gerade partout nichts erzählen will, zwingen Sie es nicht dazu! Dann würde es das Vertrauen zu Ihnen verlieren und immer weniger sagen. Oft können Kinder das, was in ihnen vorgeht, noch nicht so gut ausdrücken – es muss erst eine Weile reifen. Solange Sie eine gute Verbindung zu Ihrem Kind haben, können Sie sicher sein, dass es sich Ihnen zur rechten Zeit anvertrauen wird.

Die Kunst des Zuhörens

Wenn zwischen Ihnen und Ihrem Kind ein Gespräch in Gang gekommen ist, schenken Sie ihm Ihre ganze Aufmerksamkeit. Damit Ihnen das gelingt, sollten Sie auf einige Dinge bewusst achten.

Geben Sie den Worten Ihres Kindes »grünes Licht«!

Bestimmt kennen Sie das: Während der andere redet, hören Sie nur mit halbem Ohr hin, weil Sie bereits dabei sind, sich Ihre eigenen Worte zurechtzulegen. Dann geht es Ihnen nicht mehr darum, was Ihr Gegenüber zu sagen hat! Schalten Sie auf wirkliches Zuhören zurück. Konzentrieren Sie sich auf die Worte Ihres Kindes.

Das, was Sie sagen wollen, kann warten – hilfreich ist es, wenn Sie sich EIN KLEINES LÄMPCHEN IM KOPF vorstellen, das grün leuchtet, solange Sie im Zuhörmodus sind. Wenn Sie das Gefühl haben, Ihr Kind hat Ihnen alles Wichtige gesagt und geht nun zu sehr ins Detail, schweift ab oder wiederholt sich, springt das Lämpchen auf Rot um. Nun sind Sie an der Reihe.

Wenn ein anderer redet, hören die meisten Menschen nur ein Drittel der Zeit wirklich zu. Im zweiten Drittel beginnen sie, das Gehörte zu bewerten. Im letzten Drittel denken sie sich meist schon die Antwort aus. Viele reden also los, wenn sie nur ein Drittel des Gesagten wirklich gehört haben. Wie langweilig, so ein Schlagabtausch! Hören Sie lieber aufmerksam bis zum Ende zu, was Ihr Kind Ihnen zu sagen hat.

> So lange man selbst redet,
>
> erfährt man nichts.

[Marie von Ebner-Eschenbach |
österreichische Schriftstellerin (1830–1916)]

Seien Sie ein Spiegel für Ihr Kind

So können Sie wirklich verstehen, was Ihr Kind ihnen sagen will, und geben ihm gleichzeitig Rückmeldung, dass Sie es verstanden haben: Erfassen Sie die Aussagen Ihres Kindes und wiederholen sie mit Ihren eigenen Worten. Erst wenn Ihr Kind bestätigt, dass Sie das Wichtigste mitbekommen haben, teilen Sie ihm Ihre eigenen Gedanken mit. Arbeiten Sie sich auf diese Weise gemeinsam wie durch die Schichten einer Zwiebel vor, bis Sie zum Kern der Aussage kommen. Ihr Kind wird es schätzen, dass Sie sich darum bemühen, es zu verstehen.

»Papa, ich will ein Eis«, sagt der achtjährige Ruben. »Du hättest also gern ein Eis«, stellt Anton, sein Vater, fest. »Ja, genau, eine Tüte mit Schokolade und Vanille.« Auch wenn dem Vater jetzt ein »Schon wieder!« auf den Lippen liegt, bleibt er beim umschreibenden Zuhören und sagt: »Also Schokolade und Vanille, genau wie gestern.« Ruben freut sich, dass ihm sein Vater SO GUT ZUHÖRT, und fügt noch hinzu: »Mit einem kleinen Klecks Sahne.« Anton muss lächeln: »Also mit Schlagsahne.« »Genau, mit Schlagsahne … wenn wir jetzt losgehen, treffen wir vielleicht noch die Susi aus meiner Klasse dort.« »Wow«, denkt sich Anton, »das hätte ich ja sonst nie erfahren, davon erzählt er sonst nie.« Schmunzelnd sagt er: »Du möchtest also die Susi treffen.« Jetzt wird Ruben ein wenig rot, doch er fühlt sich gerade so gut verstanden, dass er weitererzählt: »Ja, du weißt doch, die mit den blonden Haaren, die so gut Klavier spielen kann.« Der Dialog geht natürlich noch eine ganze Weile weiter. Diese Art des Zuhörens lässt Anton GANZ NEUE SEITEN an seinem Sohn entdecken.

Bewahren Sie sich bei Ihren gemeinsamen Unterhaltungen immer etwas »Mut zum Umweg«! Das wirkt zwar zunächst oft weniger effektiv als zum Beispiel ein schlichtes Ja oder Nein. Aber Sie erfahren auf diese Weise ganz nebenbei oftmals sehr spannende Dinge. Außerdem sorgen Sie so dafür, dass Ihr Kind sich in der Unterhaltung ernst genommen, wirklich verstanden und wohl fühlt.

Aber nicht nur bei den eher »harmlosen« Plaudereien wie der zwischen Ruben und seinem Papa ist eine solche Form der Unterhaltung hilfreich. Die Worte des anderen widerzuspiegeln, indem man sie mit den eigenen Worten wiederholt, kann auch dazu beitragen, knifflige und SCHWIERIGE SITUATIONEN ZU LÖSEN. Diese Form der Kommunikation ist zum Beispiel sehr hilfreich bei »Reizthemen«, die im Familienalltag oft für Stress und Ärger sorgen. Oder bei Problemen Ihres Kindes, etwa mit einem Lehrer oder Schulkameraden.

Fragen Sie dann auch Ihr Kind, was es inhaltlich von Ihren Aussagen verstanden hat. Erst wenn der eine Gesprächspartner sinngemäß treffend das wiederholt hat, was der andere gesagt hat, darf er antworten. Ihr Kind ist dadurch auch selbst gefordert, zu verstehen und sich zu merken, was Sie zu ihm sagen.

»Papa, ich will heute beim Paul schlafen«, sagt der neunjährige Hannes zu seinem Vater Ludwig. »Du willst also bei Paul übernachten?«, wiederholt sein Vater. Hannes nickt. Ludwig fährt fort: »Ich will aber nicht, dass du unter der Woche bei einem Freund übernachtest, weil du dann am nächsten Tag in der Schule nicht ausgeschlafen bist.« – »Ich will aber«, fängt Hannes enttäuscht an. »Moment«, sagt Ludwig, »kannst du wiederholen, was ich gesagt habe?«, pocht er auf das Einhalten der Regeln. »Nein, sag es bitte noch einmal, Papa!« »Ich sagte, ich will nicht, dass du unter der Woche bei einem Freund übernachtest, weil du dann am nächsten Tag in der Schule nicht ausgeschlafen bist«, wiederholt Ludwig. »Okay, du willst das nicht, weil ich dann am nächsten Tag in der Schule müde bin und nicht richtig aufpasse.« Ludwig bestätigt dies mit einem »Ja«. Auch dieser Dialog geht noch eine Zeit lang hin und her. Hierbei muss jeder ganz genau hinhören, was der andere gesagt hat. Das Gespräch bekommt ein GEMÄCHLICHERES TEMPO, die Gesprächspartner gehen automatisch besser aufeinander ein. So kommt alles Wichtige garantiert an. Machen Sie ein Spiel daraus, ein Zuhör-Rede-Pingpong.

Lauschen Sie »zwischen den Zeilen«

In jeder Botschaft schwingen immer auch Emotionen mit. Die hohe Kunst des Zuhörens besteht darin, diese Emotionen zu erkennen. So vermitteln Sie Ihrem Kind das Gefühl, ALS GANZER MENSCH wahrgenommen zu werden.

Ihr Kind kann seine Gefühle oft noch nicht einordnen – unterstützen Sie es dabei: »Du wirkst so aufgeregt, was ist denn los mit dir?« Sicher muss es sich erst an diese Gesprächsform gewöhnen, aber wahrscheinlich kann es Ihnen bald entsprechend antworten: »Stimmt, ich bin aufgeregt, weil ich das so ungerecht finde, dass du mir wegen dieser Kleinigkeit das Taschengeld streichst.«

TIPP

Dos und Don'ts beim Zuhören und Antworten

→ Sprechen Sie mit Ihrem Kind über Themen, die es angehen und die es interessieren. Für »Erwachsenengespräche« über Geld oder die Partnerschaft ist Zeit, wenn Ihr Kind schläft oder unterwegs ist.

→ Geben Sie Ihrem Kind immer eine Rückmeldung, wenn es Sie anspricht, auch wenn Sie sich gerade mit anderen unterhalten. Es reicht, wenn Sie nur kurz zu ihm sagen: »Darüber reden wir nachher.« Sprechen Sie bitte nicht einfach über Ihr Kind hinweg weiter.

→ Bleiben Sie im Gespräch mit Ihrem Kind sachlich und ruhig, auch wenn es Ihnen gerade schwerfällt. Werden Sie nicht laut, anklagend oder gar sarkastisch – sonst verliert Ihr Kind das Vertrauen zu Ihnen. Wenn Sie sich im Gespräch sehr über Ihr Kind ärgern, legen Sie den Rückwärtsgang ein, holen tief Luft und fangen noch einmal von vorn an.

Vier Dimensionen des Zuhörens

Nicht nur um Inhalt und Emotionen geht es in einem Gespräch. Der bekannte Psychologe Friedemann Schulz von Thun hat ein »Vier-Seiten-Modell« der Kommunikation herausgearbeitet:

1 Wenn Sie nicht nur die SACHEBENE wahrnehmen, sondern auch »zwischen den Zeilen lauschen«, verstehen Sie eher, was mit Ihrem Kind los ist oder was es von Ihnen gerade will. Orientieren Sie sich dazu an den folgenden Fragen:

2 Wie steht mein Kind zu mir (BEZIEHUNGSEBENE)? Wie verhält sich Ihr Kind Ihnen gegenüber? Scherzt es mit Ihnen wie sonst auch, oder wirkt es eher abweisend oder gar feindselig? Letzteres kann ein Zeichen dafür sein, dass ungeklärte Konflikte zwischen Ihnen stehen. Wenn Sie unsicher sind, fragen Sie bei Ihrem Kind nach! Sollten Sie es verletzt haben, entschuldigen Sie sich und machen Sie es wieder gut: »Tut mir leid, aber ich habe wirklich vergessen, dass wir heute Abend noch im Sandkasten spielen wollten. Komm, nimm dein Sandspielzeug und die Taschenlampe, wir probieren mal was Neues.«

3 Wie geht es meinem Kind (SELBSTOFFENBARUNGSEBENE)? Manchmal verlieren Väter vor lauter Stress und Funktionierenmüssen aus den Augen, wie es ihrem Kind geht. Wenn Ihr Kind mit Ihnen redet, teilt es Ihnen gleichzeitig immer unbewusst mit, wie es ihm geht. Nehmen Sie wahr: Ist Ihr Kind besonders gut gelaunt? Hat es etwas Besonderes geleistet, erzählt es Ihnen das voller Stolz? Wenn ja, dann loben Sie Ihr Kind, seien Sie stolz auf es, und zeigen Sie ihm das auch: »Wow, toll gemacht, ich bin wirklich stolz auf dich.« Ihre Anerkennung braucht Ihr Kind genauso wie Ihren Trost.

4 Was will mein Kind von mir (APPELLEBENE)? Fast jede Kommunikation ist auf ein Ziel gerichtet – wir wollen etwas von unserem Gesprächspartner. Ihr Kind macht das genauso. Vielleicht braucht es von Ihnen, dass Sie etwas für es tun, wünscht sich etwas Materielles oder benötigt Ihre Aufmerksamkeit und freundliche Worte. Grundsätzlich: Ihr Kind darf sich von Ihnen wünschen, was es will. Nur: Sie entscheiden, ob der Wunsch erfüllt wird. Ermutigen Sie Ihr Kind, seine Wünsche offen zu äußern, weil es so seine Ziele später im Leben direkter und besser erreicht.

Zuhören will geübt sein

Nehmen Sie die Anregungen der vorherigen Seiten auf und üben Sie die verschiedenen »Techniken« des Zuhörens mit Ihrem Kind. Dabei wird das Band zwischen Ihnen stärker. Sie entdecken beide immer wieder neue, spannende Seiten am anderen.

Wahrscheinlich schaffen Sie es nicht immer, Ihrem Kind zuzuhören. Aber wenn Sie sich hin und wieder wirklich auf das Zuhören konzentrieren, werden Sie ein Fingerspitzengefühl dafür entwickeln, wann Ihre Tochter oder Ihr Sohn IHR OFFENES OHR besonders braucht. Wenn Sie als Vater ein guter Zuhörer sein wollen, müssen Sie sich selbst immer wieder zurücknehmen – zugunsten des Grundbedürfnisses Ihres Kindes, beachtet zu werden.

Kindgemäß
kommunizieren

Sie wollen Ihrem Kind ein guter Zuhörer sein. Sie möchten aber auch angeregte Gespräche mit ihm führen, SPASSFAKTOR INKLUSIVE. Bis Ihr Kind sich auf dem Niveau von Erwachsenen unterhalten kann, dauert es noch lange. Auf diesem Weg braucht es Sie als Begleiter und Vorbild. Wenn Sie die folgenden Seiten lesen, holen Sie sich Ihr Kind immer wieder vor Ihr inneres Auge: Wie alt ist es? Wie sieht es zurzeit aus? Wie reden Sie und Ihr Kind miteinander? Wie geht es Ihnen, wenn Sie mit Ihrem Kind zusammen sind? Sicher werden Sie dann beim Lesen das eine oder andere Aha-Erlebnis haben.

Wie Erwachsene reden, wie Kinder reden

Wahrscheinlich reden Sie mit Ihrem Kind anders als mit Erwachsenen. Das tun Sie aus gutem Grund, denn Erwachsene und Kinder haben beim Miteinander-Reden ganz verschiedene Vorlieben.

Volle Konzentration – oder ganz nebenbei

Im Sitzen und mit intensivem Augenkontakt – dies ist die Lieblingsposition der meisten Erwachsenen für ein gutes Gespräch. Kinder dagegen reden auch dann gerne, wenn ihr Gesprächspartner gerade mit etwas beschäftigt ist, zum Beispiel mit ABWASCHEN ODER AUTOFAHREN. Sie mögen es auch, neben ihrem Gesprächspartner zu stehen oder zu sitzen, denn dann sind sie keinem intensiven Blickkontakt ausgesetzt. Kinder empfinden diesen oft als unangenehm forschend – besonders, wenn es um solche Themen geht, über die sie nicht mit Leichtigkeit reden können.

Wenn es Ihnen gerade möglich ist, schenken Sie Ihrem Kind Ihre Aufmerksamkeit, auch wenn Sie Ihre Tätigkeit dafür eventuell unterbrechen müssen. Wenn Ihr Kind noch sehr jung ist – und besonders wenn es zwischen drei und fünf Jahren alt ist –, kann es sich noch nicht so gut zurücknehmen. Es fühlt sich als Mensch abgewiesen, wenn Sie nicht auf es eingehen.

Lassen Sie Ihrem Kind im gemeinsamen Gespräch trotzdem immer eine gewisse Bewegungsfreiheit, damit es NÄHE UND DISTANZ selbst regulieren kann. Bei Kindern bis acht Jahren kommt das Gespräch besser in Fluss, wenn Sie es mit spielerischen Aktivitäten kombinieren (siehe Seite 68).

Schnell zum Thema – oder auf Umwegen

Erwachsene bringen gern schwierige Themen aufs Tapet und wollen sie möglichst »zu Ende« diskutieren. Kinder lenken nach kurzer Zeit lieber vom schwierigen Thema ab, indem sie von etwas ganz anderem reden. So wird für sie die ANSPANNUNG nicht zu hoch. Lassen Sie zu, dass Ihr Kind durch solche Ablenkungen sein Spannungsniveau reguliert. Kommen Sie vielleicht später noch einmal auf das schwierige Thema zurück.

Sprachliche Rückmeldung – oder mit Bewegung Dampf ablassen

Erwachsene reden gerne und wünschen sich, dass ihr Kind froh und zufrieden ist. Sie wollen von ihm bestätigt bekommen, dass sie ein gutes Gespräch geführt haben. Kinder dagegen gehen nach dem Gespräch gerne schnell weg und toben sich erst einmal richtig aus. Begleiten Sie Ihr Kind ruhig auch mal beim SPIELEN UND VERAUSGABEN nach dem Reden. Das tut auch Ihnen gut, und der vertrauensvolle Austausch im Gespräch wird so auf positive, aktive Weise fortgesetzt.

2

Gespräche mit Jungen und Mädchen

Brauchen Jungen eine andere Ansprache als Mädchen? Natürlich lässt sich auch hier nichts verallgemeinern, aber gewisse Unterschiede lassen sich schon erkennen.

Kennen Sie die Leidenschaften Ihres Sohnes?

Wenn Ihr Sohn über sein Lieblingssachgebiet spricht, ob Fußball, Dinosaurier, Autos oder Musik, dann teilt er Ihnen auch etwas über sich selbst mit. Er gibt Ihnen in der Art und Weise, wie er über seine Lieblingsthemen spricht, wertvollen Einblick in seine Gefühlswelt.

So helfen Sie Ihrem Sohn, Neues zu bewältigen

Wenn Sie Ihrem Jungen die Struktur, die Ordnung erklären können, auf die er in einer neuen Situation stoßen wird, kann er diese besser bewältigen. Zum Beispiel wenn er zum ersten Judotraining geht: »Der Trainer erwartet, dass du seinen Anweisungen folgst. Der Trainingsablauf ist: aufwärmen, fallen lernen und Grifftechniken üben. Wenn du Fragen hast, kannst du damit am Schluss zum Trainer gehen.«

Verhandeln Sie mit Ihrem Sohn

Ihr Sohn tut sehr wenig Ihnen zuliebe. Für ihn geht es fast immer um Geben und Nehmen. Wenn Sie von ihm etwas wollen – Rasenmähen, Garage aufräumen –, dann müssen Sie ihn mit einer Gegenleistung fair entlohnen. Die meisten Jungen lieben es zu verhandeln!

Jungen gewinnen und prahlen gerne

Ihrem Sohn geht es im Spiel früh um Freund und Feind, Sieg und Niederlage. Wenn er mit Ihnen Fußball spielt, sieht er sich in der Fantasie im Stadion vor begeisterten Fans. Spielen Sie mit! Dann kann er sich auch besser fürs Training motivieren.

Interessieren Sie sich für die Innenwelt Ihrer Tochter!

Fragen Sie Ihre Tochter, wie es mit ihren Freundinnen läuft, wie sie sich fühlt. Ihre Tochter braucht ein Zeichen Ihrer Verbundenheit, wenn sie mit Ihnen spricht, sonst verstummt sie. Neigen Sie sich ihr zu, geben Sie ihr Rückmeldung durch Sprache und Körpersprache: zum Beispiel mit »Mhm« sowie durch Kopfnicken und eine zugewandte und offene Körperhaltung.

So helfen Sie ihr, Neues zu bewältigen

Wenn Ihre Tochter zum Beispiel zur ersten Geigenstunde geht, hilft es ihr sehr, wenn Sie ihr erklären, wem sie begegnen wird. Sie kann die Situation besser verarbeiten, wenn sie den neuen Menschen einschätzen kann. Etwa so: »Deine Geigenlehrerin, Frau Marin, ist ein netter Mensch. Deine Cousine Claudia war auch bei ihr und mochte sie sehr gerne. Frau Marin liebt Katzen und hat selbst drei.«

Ihnen zuliebe tut Ihre Tochter viel

Mädchen sind fast immer artiger als Jungen. Ein »mir zuliebe«, wirkt bei Ihrer Tochter Wunder, wenn Ihre Vater-Kind-Beziehung gut ist. Sie ist oft bereit, eine Aufgabe oder eine Arbeit zu übernehmen – ausnützen sollten Sie das aber natürlich nicht.

Mädchen spielen, um Beziehungen zu vertiefen

Für Ihre Tochter geht es um den Spaß eines Erlebnisses, sie will Kontakte vertiefen und ihre Fähigkeiten ausbauen. Im Spiel kann sie Zuneigung oder Antipathie ausdrücken – etwa beim Rollenspiel mit Puppen. Sie als Vater führen Ihre Tochter auch in die »Männerwelt« ein. Mit Ihnen wandert sie wahrscheinlich auch gerne oder begleitet Sie bei abenteuerlichen Unternehmungen. Dabei müssen Sie sich ihr mehr zuwenden als Ihrem Sohn, sonst verliert sie die Freude daran.

Worüber Kinder mit ihrem Vater reden wollen

Für Ihr Kind da sein heißt nicht nur, für es zu sorgen und ihm zu sagen, wo's langgeht. Es bedeutet auch, Interesse zu zeigen und sich mit ihm über Gedanken und Erlebnisse auszutauschen.

»Schau mal, Papa!«

Ihr Kind will Ihnen seine Welt zeigen: Es weist Sie immer wieder auf Dinge hin, auf die sein Blick fällt und die es beschäftigen – auf eine BLUME AM WEGESRAND, auf einen Vogel im Baum, auf das rote Spielzeugauto im Schaufenster. Wenn es älter wird, möchte es, dass Sie zu seinen Sportveranstaltungen kommen oder zu seinen Auftritten, wenn es musiziert oder Theater spielt. Und danach möchte es mit Ihnen darüber plaudern. Nehmen Sie teil an der Welt Ihres Kindes!

»Papa, warum sind die Sterne am Himmel?«

Ihr Kind fragt Ihnen Löcher in den Bauch. Daraus können sich SCHÖNE PHILOSOPHISCHE GESPRÄCHE entwickeln. Ihr Kind will von Ihnen viel lernen (siehe auch Seite 138 ff.). Lassen Sie sich auf diese Gespräche ein. Geben Sie ruhig einmal zu, etwas nicht zu wissen – gehen Sie dann der Sache aber gemeinsam auf den Grund, ob in der Bibliothek oder im Internet. So lernt Ihr Kind mit Ihrer Hilfe, sich in unserer hochkomplexen Welt zurechtzufinden.

»Nein, das mache ich nicht!«

Mit einigen Vorschlägen stoßen Eltern auf Widerstand, etwa wenn es ums Zimmeraufräumen geht. In diesen Bereichen ist es Ihre Aufgabe, Ihr Kind langsam an die Anforderungen des Lebens heranzuführen. In der Erziehung gibt es immer auch Punkte, über die nicht verhandelt und diskutiert wird und wo Sie auch mal etwas anordnen müssen.

Das »Fahrstuhlprinzip«

Gute Väter sind mit dem »Fahrstuhlprinzip« vertraut. Wenn Ihr Fahrstuhl im Erdgeschoss ist, können Sie Ihrem Kind auf gleicher Ebene begegnen. Im kindlichen Ton miteinander sprechen, blödeln, plaudern, spielen. Wenn Sie aber merken, dass etwas aus dem Ruder zu laufen beginnt, Ihr Kind Dinge tut, die für es selbst oder für andere nicht gut sind, dann müssen Sie Ihre heimelige Position im Erdgeschoss verlassen. Fahren Sie mit Ihrem »inneren Fahrstuhl« nach oben, werden Sie zu einer erwachsenen Person, zum Vater, der die Leitung übernimmt. Wenn Ihr Kind auf dem Spielplatz mit Steinen zu werfen beginnt, sagen Sie: »Stopp! Ich will, dass du aufhörst, Steine in den Sandkasten zu werfen, du könntest andere Kinder damit verletzen.« Wichtig ist nicht so sehr die Wortwahl, sondern Ihre eindeutige Position als Chef. Stehen Sie dabei ruhig auf, spüren Sie Ihre Autorität und vertrauen auch auf sie. Sollte Ihr Kind immer noch nicht aufhören, nehmen Sie es bei der Hand, schauen ihm in die Augen und sagen ganz klar noch einmal: »Stopp!« So gelingt es Ihnen, vom »Spielkameraden« zum »Alpha-Tier« umzuschalten.

2

»Ich will aber!«

Zubettgehen, Süßigkeiten oder Spielzeug – Kinder loten ständig ihre und unsere Grenzen aus. Vermitteln Sie Ihrem Kind AUS DER »CHEFETAGE« ganz eindeutig, wenn es über eine Angelegenheit nicht mit Ihnen verhandeln kann. Die Schlafenszeit etwa ist für einen Achtjährigen nicht verhandelbar, die Wahl der Gutenachtgeschichte sehr wohl. Der Rahmen, innerhalb dessen Ihr Kind sich frei entscheiden kann, wird im Laufe der Jahre immer weiter.

Altersgemäße Sprache verwenden

Kinder lernen erst nach und nach, abstrakt zu denken. Erst mit etwa zehn Jahren beginnt Ihr Kind ABSTRAKTE BEGRIFFE wie zum Beispiel »Interesse« oder »Mitgefühl« zu verstehen und wendet sie ab dem Alter von zwölf Jahren selbst an. Darauf sollten Sie beim Reden mit Ihrem Kind Rücksicht nehmen.

Drei bis sechs Jahre

Vermeiden Sie abstrakte und schwierige Wörter. Sagen Sie zum Beispiel statt »Das ist eine schwierige Konstruktion« lieber »Das ist schwierig zu bauen« oder statt »Das musst du sehr sorgfältig machen« besser »Dabei musst du ganz gut aufpassen«.

Sechs bis acht Jahre

Ihr Kind beginnt schwierige abstrakte Wörter nachzusprechen. Wenn Sie sie ihm erklären, versteht es sie auch. Natürlich klappt das mit dem Nachsprechen nicht beim ersten Mal: So wird aus »Konstruktion« schon mal »Kunstroktin«, aus »sorgfältig« wird »forgsältig«.

Acht bis zehn Jahre

Ihr Kind kann die schwierigen Begriffe, die es in der Zeit davor gelernt hat, nun schon gut anwenden. Zum Beispiel: »Das Segelflugzeugmodell vom Papa ist eine ganz schwierige Konstruktion.« Oder: »Mit meinen Malsachen gehe ich ganz sorgfältig um.«

Zehn bis zwölf Jahre

Ihr Kind kann abstrakte Begriffe teilweise schon erklären: »Diese Sandburg ist eine schwierige Konstruktion, weil ich ganz viele Schießscharten mit eingebaut habe.« Oder: »Meine Geschenke packe ich so sorgfältig aus, damit ich das Papier wiederverwenden kann.«

Beim Reden ein gutes Gefühl geben

Je jünger Ihr Kind ist, umso mehr kommuniziert es auf der nonverbalen Ebene mit Ihnen – es teilt Ihnen vieles mithilfe seiner Körperhaltung, seiner GESTIK UND MIMIK mit sowie durch Laute und den Klang seiner Stimme. Umgekehrt ist es ähnlich: Je kleiner Ihr Kind ist, umso mehr reagiert es auf Ihre nonverbalen Signale (deshalb sollte das, was Sie sagen, auch möglichst mit dem übereinstimmen, was Sie denken und fühlen). Vielleicht müssen Sie als Vater immer wieder für sich übersetzen, was Ihr Kind Ihnen gerade sagen möchte. Kinder sind feinfühlige Wesen. Damit Sie Ihr Kind gut in die Welt der Worte hineinführen können, vermitteln Sie ihm bei Ihren Gesprächen auch durch Ihre Körpersprache ein gutes Gefühl.

Immer auf Augenhöhe?

Wenn Sie möchten, dass Ihr Kind Ihnen zuhört, oder wenn es etwas erledigen soll, sprechen Sie am besten im Stehen mit ihm. So erfährt es ganz unmittelbar Ihre NATÜRLICHE AUTORITÄT und ist eher dazu bereit, Aufgaben auszuführen. Wollen Sie sich dagegen mit Ihrem Kind austauschen, gehen Sie in die Hocke oder setzen sich gemeinsam aufs Sofa, um sich auf gleicher Augenhöhe zu begegnen. Wollen Sie durch Ihr Verhalten fördern, dass Ihr Kind Ihnen etwas erzählt und Verantwortung dafür übernimmt, nehmen Sie einen tieferen Standpunkt als Ihr Kind ein – zum Beispiel indem Sie Ihr Kind auf ein Mäuerchen stellen und Sie sich ins Gras davor setzen. So bauen Sie ihm EINE ART BÜHNE, auf der es richtig loslegen kann. »Weißt du, die Kindergartentante, immer wenn die mit uns schimpft, dann verzieht sie das Gesicht so«, legt der vierjährige Florian los, während sein Vater ihm zugewandt entspannt im Gras liegt. Dabei verzieht Florian das Gesicht zu einer Grimasse. Vater und Kind kugeln sich vor Lachen über Florians komödiantisches Talent.

Achten Sie auf die Körpersprache Ihres Kindes

Vor allem jüngere Kinder teilen Ihnen viel nonverbal mit. Damit Sie die Körpersprache wahrnehmen können, müssen Sie Ihr Kind anschauen, wenn Sie mit ihm reden. Nonverbale Signale sind sogar meist verlässlicher als das gesprochene Wort – die Pantomimen sagen: »Der Körper lügt nicht.«

Augenkontakt richtig einsetzen

Kinder fühlen sich schnell unwohl, wenn wir versuchen, Augenkontakt mit ihnen zu erzwingen. Augenkontakt bedeutet ja nicht automatisch, einen wirklichen Kontakt von Person zu Person herzustellen – er kann zum Beispiel auch bedrohlich oder forschend wirken.

Finden Sie heraus, warum Ihr Kind Ihnen vielleicht heute so gar nicht IN DIE AUGEN SCHAUEN kann – möglicherweise ist es verängstigt oder lustlos. Versuchen Sie, dem auf den Grund zu gehen, und beharren Sie nicht auf ständigem Augenkontakt. Ein positiver Kontakt, mit einem hin und wieder zugeworfenen Blick, fördert lautes Denken.

Kombinieren Sie Reden mit Spielen

Gerade jüngere Kinder sind sehr energiegeladen und können besser verschiedene Aktivitäten koppeln als Erwachsene. Es gelingt ihnen oft nicht, für ein Gespräch lange still zu sitzen. Wenn Sie die Energie in ein Spiel lenken, entstehen ganz nebenbei wunderbare Gespräche.

Jedes Kind hat seine eigenen Impulse. Nimmt Ihr Kind zum Beispiel etwas in die Hand und spielt damit, während Sie mit ihm reden, heißt das nicht, dass es abwesend ist! Wahrscheinlich braucht es diese Bewegung, um sich selbst so zu regulieren, dass es Ihnen zuhören kann.

MACHEN SIE EIN SPIEL DARAUS: Werfen Sie sich beim Reden einen Softball oder Luftballon zu. So ergibt sich automatisch ein Gesprächsrhythmus – mit dem Ball ein flotter, mit dem Ballon ein gemächlicher. Experimentieren Sie!

Wie Sie auf das Verhalten Ihres Kindes Einfluss nehmen

Kinder können ganz schön nervig sein. Sie zeigen Verhaltensweisen, die uns stören, die uns peinlich sind, uns ärgern und zornig machen. Schnell greifen wir dann auf einen Kommunikationsstil zurück, der dem Kind und uns nicht gut tut. Dies lässt sich vermeiden.

Ersetzen Sie Urteile und Kritik durch objektive Beobachtungen. Vermeiden Sie – in Ihren Gedanken und Ihren Worten – jedes Urteil über Ihr Kind, und konzentrieren Sie sich auf Ihre eigenen Gefühle. Teilen Sie Ihrem Kind auch mit, welche Ihrer Hoffnungen es enttäuscht.

Natürlich kann auch Ihnen einmal DER HUT HOCHGEHEN – wichtig ist aber, dass Sie das immer mit Ihrem Kind klären und dass es nicht alltäglich wird. Ein versöhnlicher Blick, ein Abklatschen – »give me five« –, ein Schulterklopfen, ein Umarmen: Nutzen Sie die vielen Möglichkeiten, sich wieder miteinander zu vertragen.

Sagen Sie zu Ihrem Kind nicht: »Nie kann ich mich auf dich verlassen. Dabei habe ich dir schon tausendmal gesagt, dass du pünktlich sein sollst, aber es hilft einfach nichts.« Bei einer so verletzenden Anklage »verdammen« Sie Ihr Kind im Ganzen. Es erlebt Ihre Anklage als Angriff auf seine ganze Persönlichkeit und kann nicht mehr unterscheiden, was es gut macht und was nicht. Meist geht es zum Gegenangriff über oder beginnt zu mauern – die Konfliktspirale ist in Gang gesetzt. Verletzende oder unfaire Kritik belastet Ihre Vater-Kind-Beziehung sehr stark. Greifen Sie stattdessen auf die bewährten Ich-Botschaften zurück (siehe Seite 70).

Sie kennen Ihr Kind am besten. Sie wissen, was es verkraften kann und was es persönlich trifft. Was für das eine Kind noch ein Necken und Späßemachen ist, kann dem anderen schon zu viel werden. Beachten Sie diese EMPFINDLICHKEITEN Ihres Kindes. Die kann es im Laufe der Zeit nur dann ablegen, wenn Sie nicht täglich darin bohren.

2

Ich-Botschaften verwenden

Mal angenommen, Ihr Kind kommt verspätet vom Spielplatz zum Essen nach Hause – nicht zum ersten Mal. Statt es mit Ihrem Ärger zu überrollen, versuchen Sie ihm zu sagen, wie es Ihnen damit geht: »Du kommst heute zum zweiten Mal in dieser Woche zu spät vom Spielplatz nach Hause. Ich mache mir Sorgen – es könnte dir ja was passiert sein. Und ich ärgere mich, weil wir die Zeit genau vereinbart hatten! Nein, lass mich mal bitte ausreden … Ich esse gern mit dir, weil wir dann noch über den Tag plaudern können. Ich bin traurig, wenn ich nicht erfahre, wie es dir geht und was du so gemacht hast.«
Statt Ihr Kind mit Zorn oder Verachtung zu strafen, teilen Sie ihm auf diese Weise Ihre OBJEKTIVE BEOBACHTUNG, Ihre eigenen Gefühle und Ihre enttäuschten Hoffnungen mit.

WICHTIG

Auch im Ärger achtsam bleiben

Vermeiden Sie es unbedingt, Ihrem Kind mit Verachtung zu begegnen! Sie drückt sich in Sarkasmus und Zynismus aus, in Verfluchen, Augenrollen, Verhöhnen und respektlosem, abschätzigem Humor. Egal in welcher Form Verachtung auftritt, sie wirkt immer vergiftend auf eine Beziehung, weil sie Abneigung ausdrückt. Sie können mit Ihrem Kind keinen Konflikt lösen, wenn Sie ihm den Eindruck vermitteln, dass Sie es ablehnen. Wenn Sie merken, dass Ihr Ärger zu groß ist, reden Sie noch nicht mit Ihrem Kind, machen Sie eine Pause! Beruhigen Sie sich erst, sonst besteht die Gefahr, dass sich die Fronten verhärten und Sie den Konflikt nicht mehr klären können. Folgen Sie dem Grundsatz »Schmiede das Eisen, wenn es kalt ist!« – dadurch können Sie Eskalationen verhindern.

Anderes Beispiel: Ihr Kind lügt Sie an. Sie sagen: »Du hast mich angelogen, die Schule war schon um zwölf Uhr aus und nicht um eins, wie du gesagt hast! Ich bin sehr verärgert. Ja, und ich bin enttäuscht, weil ich das Gefühl habe, ich kann mich auf dich nicht verlassen. Das ist mir aber sehr wichtig!« So überschütten Sie Ihr Kind nicht mit Vorwürfen, sondern geben ihm ANREGUNG ZUM NACHDENKEN über sein Verhalten und über die Gefühle, die es damit in Ihnen hervorruft. Die Gesprächssituation bleibt offen, und niemand muss sich beleidigt oder verletzt zurückziehen.

Achten Sie darauf, dass solche Gespräche in einem geschützten, privaten Raum stattfinden und zu einem günstigen Zeitpunkt. Also nicht zwischen Tür und Angel und schon gar nicht, wenn Freunde Ihres Kindes anwesend sind.

Häufig erzählen Väter, dass ihre Kinder überrascht sind zu erfahren, was ihr Papa empfindet: »Ich hab gar nicht gewusst, dass du dich so darüber ärgerst.« Wahrscheinlich ist Ihrem Kind in einigen Fällen gar nicht bewusst, was sein Verhalten in Ihnen auslöst. Wenn Sie es ihm auf die oben beschriebene Art mitteilen können, möchte es sicher rücksichtsvoller sein. Sehr oft verwandelt sich dann Gedankenlosigkeit in Aufmerksamkeit, egoistisches in partnerschaftliches Verhalten.

Die bewährten Ich-Botschaften funktionieren aber nur, wenn zwischen Ihnen und Ihrem Kind grundsätzlich eine GUTE BEZIEHUNG besteht und Ihr Kind sich von Ihnen wertgeschätzt und verstanden fühlt. Hört Ihr Kind im Allgemeinen wenig auf Sie, ist das ein Alarmsignal dafür, dass Ihre Brücke, Ihre Verbindung zu Ihrem Kind, wackelt oder einen Riss hat. In diesem Fall rate ich Ihnen, mehr Zeit und Energie in Ihr Vatersein zu investieren. Erst wenn der gute Draht zu Ihrem Kind wiederhergestellt ist, können Sie damit rechnen, dass Ihr Kind sein unerwünschtes Verhalten ändert. Orientieren Sie sich dabei an der Frage: »Wie lebe ich eine gute Vater-Kind-Beziehung mit meinem Kind?« Mehr dazu finden Sie in diesem Buch ab Seite 16.

Gemeinsam
lachen

Kinder bis zu sechs Jahren lachen rund 400-mal am Tag, Erwachsene nur noch 20-mal! Damit Ihrem Kind während des Älterwerdens das Lachen nicht vergeht, lachen Sie so oft wie möglich mit Ihrem Kind. Denn: Lachen ist gesund! Es hilft Stress abzubauen, aktiviert das Immunsystem und senkt den Blutdruck. Lachen vertreibt Kopfschmerzen, psychische Probleme und sogar chronische Ängste.

So laden Sie das Lachen ein

Je nach seinem Alter haben Sie viele Gelegenheiten, mit Ihrem Kind zu lachen: Während Kleinkinder spontan über Kleinigkeiten in schallendes Gelächter oder fröhliches Kichern ausbrechen – da reicht ein Wort, eine Geste oder eine Berührung –, entwickelt sich der Sinn für sprachliche Komik und Humor erst um das fünfte Lebensjahr. Dann beginnen Kinder auch selbst, mit Vergnügen Witze zu erzählen. Sie können Lachen nicht erzwingen, Sie können es nur einladen.

Lachen braucht Kontakt

Wenn Sie mit Ihrem Kind etwas unternehmen, lächeln Sie es immer wieder einmal an. Zwinkern oder nicken Sie ihm zu. Sie müssen sich nicht anstrengen: Betrachten Sie einfach Ihr Kind, schauen Sie in seine Augen. Betrachten Sie nicht das Bild, das Sie sich innerlich von ihm gemacht haben, sondern BETRACHTEN SIE DEN KLEINEN MENSCHEN vor sich richtig: seine Stirn, seine Nase, seine Haare … Wahrscheinlich blitzt immer wieder Schalk in seinen Augen auf. Wenn Sie Ihr Kind in Ruhe ansehen, können Sie nicht anders, als es anzulächeln. Und das Lächeln ist der kleine Bruder des Lachens.

Lachen braucht Entspannung

Wenn Ihnen ständig durch den Kopf geht, was Sie noch alles erledigen müssen, wenn Sie einfach nicht zur Ruhe kommen – dann wird das Lachen Ihre Einladung nicht annehmen können. Steigen Sie aus dem Hamsterrad aus! Gestalten Sie Übergänge für sich (siehe Seite 48). Suchen Sie Entspannung (siehe Seite 130). Atmen Sie tief ein und aus, spüren Sie sich selbst und den UNMITTELBAREN KONTAKT mit Ihrem Kind. Im entspannten Zustand ist es viel wahrscheinlicher, dass das Lachen Sie und Ihr Kind besucht.

Lachen braucht Leichtigkeit

Wenn Sie das Leben generell als schwer und mühsam betrachten, wird das Lachen es schwer haben, Sie zu besuchen. Als Vater haben Sie besonderes Glück: Kinder leben uns Leichtigkeit vor. Lassen Sie sich einmal ganz bewusst auf die Unbefangenheit und Unbeschwertheit Ihres Kindes ein, dann fällt bestimmt ein Stück Schwere von Ihnen ab.

Lachen braucht Spielraum

Lernen für die Schularbeit, Vokabeln abfragen, Ermahnungen und Erinnerungen – schnell passiert es, dass im Leben mit Ihrem Kind die Pflichterfüllung überwiegt. Dabei haben Sie als Vater die Gabe, fast alles mit Ihrem Kind zum Spiel zu machen. Verlieren Sie diese Gabe nicht. Behalten und pflegen Sie Ihre Spielfreude!

> Die **Kraft des Lachens** ist keine Technik, sondern ein **natürlicher** Ausdruck unseres **Menschseins.**

[David Gilmore | *britischer Clown* (* *1949*)]

Lachen braucht Raum

Wenn Sie einen Besucher einladen und er merkt, dass Sie im Grunde gar keine Zeit für ihn haben, keinen Raum, dann wird er das nächste Mal wahrscheinlich Ihre Einladung ablehnen. Genauso ist es mit dem Lachen: GEMEINSAMES LACHEN entsteht nur dann, wenn Sie und Ihr Kind sich darauf freuen und ihm auch Platz anbieten. Jessika, Mutter von zwei Kindern, erzählt: »Wenn der Papa nach dem Abendessen mit unseren Kindern Kathi und Oliver noch entspannt und satt am Tisch sitzt, dann fangen sie manchmal spontan mit einem Spiel an, zum Beispiel mit Wortketten. Dieses Spiel hat Oliver neulich erfunden: Der erste muss ein winziges Tier sagen, der nächste eines, das ein bisschen größer ist. Also der Papa sagt Mücke, der Oliver sagt Schnecke, die Kathi sagt Maus. Das geht eine Zeitlang ernst dahin, bis ihnen die großen Tiere ausgehen. Dann fängt einer an, ETWAS ZU ERFINDEN, und plötzlich ist nur noch ein Riesengelächter am Tisch. ›Hihi, ein Brontofant‹, kugeln sich die drei vor Lachen.«

Lachen steckt an

Wenn Ihr Kind richtig loslacht, können Sie wahrscheinlich gar nicht anders als mitzulachen. Ihrem Kind geht es umgekehrt genauso. Ich habe viele Väter gefragt, wie und wann sie mit ihren Kindern lachen. Das Erstaunliche dabei war, sie konnten es nicht formulieren. »Das kann ich gar nicht sagen, das entsteht einfach so«, war eine Antwort, die ich oft erhielt. Denken Sie doch einmal nach: Worüber lachen Sie und Ihr Kind? Worüber haben Sie und Ihr Vater oder Ihre Geschwister miteinander gelacht? Es geht ums Erinnern, ums Graben in der Witzekiste, ums gegenseitige Necken und Anstacheln, um »Schwänke« aus dem Leben.

So mancher kindliche Schmollmund, so manche väterliche Sorgenfalte entspannt sich beim Lachen – so lange es auf kameradschaftliche, liebevolle, aufmunternde Art geschieht.

Bringen Sie Ihr Kind zum Lachen

Lachen kann sich aus der Situation heraus entwickeln, oder Sie regen es bewusst an. Hier einige Klassiker, die jeder Vater in seinem Repertoire haben sollte – natürlich immer mit Blick aufs Alter des Kindes.

Grimassen schneiden

Kleinkinder lieben es, mit Ihnen Augenkontakt zu haben. Noch toller ist es, wenn Sie dabei das Gesicht verziehen. Verstecken Sie sich zum Beispiel hinter einem Tuch und tauchen Sie immer wieder mit einer neuen Grimasse auf. Bestimmt kugelt sich Ihr Kind vor Lachen und lässt sich auch selbst Grimassen einfallen.

Kitzeln

Viele Kinder – vor allem zwischen zwei und fünf Jahren – genießen es, gekitzelt zu werden. Daraus können Sie natürlich auch EIN KLEINES RITUAL machen, zum Beispiel indem Sie mit zwei Fingern an Hand und Arm Ihres Kindes »hinauflaufen« und dabei sagen: »Kommt ein Mäuschen, baut ein Häuschen. Kommt ein Mückchen, baut ein Brückchen. Kommt ein Floh, der macht so!« Bei »so« kitzeln Sie Ihr Kind unter den Achseln oder am Hals. Kinder lieben das Kitzeln – solange Sie ihre Grenzen akzeptieren. Beim Kitzeln gibt es einen Punkt, ab dem es für Ihr Kind unangenehm wird. Dies zeigt es Ihnen deutlich. Überschreiten Sie diesen Punkt nie! Ihr Kind muss lernen, dass es über seinen Körper selbst bestimmt.

Witze erzählen

Unterhalten Sie Ihr Kind mit Witzen. Drei Buchtipps dazu finden Sie auf Seite 155. Ihr Kind wird Ihre Bemühungen schätzen, und Sie werden mit der Zeit immer besser. Üben Sie mit Ihrem Kind gespielte Witze ein und unterhalten Sie Ihre Familie und Freunde damit.

Geschichten erzählen

Ab etwa drei Jahren liebt es Ihr Kind, wenn Sie sich Geschichten ausdenken. Nehmen Sie seine Kuscheltiere und lassen Sie diese die wildesten Abenteuer bestehen. Oder Sie spielen kleine Szenen mit Tannenzapfen, Wäscheklammern, Kieselsteinen … was eben gerade zur Hand ist. Wie der Vater der achtjährigen Nina, als beide nach einer längeren Einkaufstour schlapp im Caféstuhl hingen: Mit Salz- und Pfefferstreuer spielte er noch mal die zwei alten Damen im Kaufhaus nach und ihre Unterhaltung über Putzkittel. Beim entspannten Kichern wurden Vater und Tochter wieder richtig wach.

Wortspiele erfinden

Über drastische Wortkreationen können Kinder sich vor Lachen ausschütten – auch wenn wir Erwachsenen oft erstaunt daneben stehen und nicht wissen, was an dem »MATSCHMONSTER« so lustig sein soll.

Außerdem finden Kinder lustige Wortverdrehungen toll: Sprautlecher statt Lautsprecher. Die Blumen aufhängen und die Wäsche gießen.

Kinder ab etwa vier Jahren freuen sich über selbst erfundene Reime: »Hinterm Baum, sieht man kaum den kleinen Karl rausschaun …« Ihre Reime müssen nicht perfekt sein, Hauptsache, sie klingen lustig. Bald fallen Ihrem Kind auch welche ein: »Auf dem Klo bin ich froh. Hihi!« Lachen Sie mit. Spiele mit Wörtern beginnen zwar meist ernst und konzentriert, aber irgendwann fällt den Mitspielern nichts mehr ein, und sie driften ab in den Bereich der Fantasie. Zum Beispiel bei Wortketten, die Kinder ab etwa sechs Jahren gern bilden: mit dem letzten Buchstaben oder der letzten Silbe eines Wortes ein neues Wort finden. Das geht mit Jungen- und Mädchennamen, Tieren, Pflanzen, Städten, Ländern … Oder Sie beginnen mit einem zusammengesetzten Hauptwort, Ihr Kind macht aus dem zweiten Teil ein neues. Zum Beispiel: Baumhaus, Haustür, Türklingel … und dann?

Sich gemeinsam amüsieren

In vielen alltäglichen Situationen liegt eine gewisse Komik – man muss sie nur entdecken. Kindern gelingt dies oft noch viel häufiger als uns Erwachsenen. Zum Beispiel, wenn ihrem Papa ein Missgeschick passiert. Ärgern Sie sich nicht, sondern lachen Sie mit! Sammeln Sie die zwei Handvoll getrockneten Erbsen, die dank eines Lochs in der Tüte nun über den ganzen Küchenfußboden verteilt sind, gemeinsam ein und zählen Sie laut mit. Sagen Sie »Wer so spricht, lebt noch«, wenn Ihnen hörbar ein Wind entfleucht ist. Das Lachen entspannt Sie selbst und vermittelt Ihrem Kind Gelassenheit gegenüber all den UNWÄGBARKEITEN DES LEBENS.

»Weißt du noch?« Tauschen Sie sich mit Ihrem Kind immer wieder über die erlebten lustigen Situationen aus. Vielleicht als eine Art Zubettgehritual. »Hihi, heute morgen, wie du mir die Geschichte vom Petzi Bär erzählt hast, was der mit der roten Katze so alles erlebt.« Damit gießen Sie das Pflänzchen des Humors und fördern in sich und Ihrem Kind einen grundlegenden Optimismus dem Leben gegenüber.

Finden Sie immer wieder bewusst Gelegenheiten, sich gemeinsam vor Lachen auszuschütten: Schauen Sie sich miteinander Filme von Charly Chaplin oder mit den »kleinen Strolchen« an. Lesen Sie zusammen Comics – zum Beispiel »Calvin und Hobbes« von Bill Watterson. Gehen Sie gemeinsam in den Zoo und lassen sich von putzigen Tieren wie den Erdmännchen oder Koboldmakis zum Lachen bringen.

Erlauben Sie sich und Ihrem Kind das Lachen! Kinder schalten viel schneller zwischen den Emotionen hin und her. Sie sind in einem Augenblick todtraurig, im nächsten laufen sie lachend auf Sie zu, um mit Ihnen zu spielen. Lassen Sie sich von diesem Rhythmus anstecken, das erhält Sie innerlich jung. Lachen ist gemeinsames Schwingen, eine gemeinsame Wellenlänge. Es verbindet Sie mit Ihrem Kind. Lachen kann aber auch trennend wirken. Darum lachen Sie mit Ihrem Kind, lachen Sie es an, aber lachen Sie es niemals aus.

Wie Sie Ihr Kind
trösten können

Männer trösten nicht und brauchen auch keinen Trost – stimmt das? Braucht nicht Ihr Kind auch Ihren Trost? Die Antwort ist ein eindeutiges Ja! Egal, ob Sie eine Tochter oder einen Sohn haben – vergessen Sie die Ermahnung »Indianer kennen keinen Schmerz«!

»Erste Hilfe«: ein Trostpflaster

Albert bummelt mit seinem vierjährigen Sohn Leo durchs Einkaufszentrum. Als die beiden auf einer Rolltreppe fahren, stürzt der Kleine und fällt auf sein linkes Knie. Zunächst steht er ganz erstaunt am Ende der Rolltreppe, dann fängt er bitterlich an zu weinen.

Albert geht in die Hocke, nimmt die Hände seines Sohnes in die seinen und blickt ihm freundlich ins Gesicht. »Jetzt hast du dich aber erschreckt«, sagt er mit sanfter Stimme zu Leo. »Ja, genau«, seufzt der. DICKE TRÄNEN kullern seine Backen hinunter. Dann fragt Albert seinen Sohn: »Wo tut es dir denn weh?« Leo schließt die Augen, wie wenn er innerlich auf die Suche nach dem Schmerz gehen würde, und sagt nach einer Weile: »Knie« und zeigt auf sein linkes Bein. Behutsam rollt Albert die Jeans seines Sohnes hoch, sodass er sich das Knie anschauen kann. Es ist ein bisschen gerötet, blutet aber nicht. »Gott sei Dank, kein Blut«, sagt er zu Leo. »Möchtest du trotzdem ein Pflaster?«, fragt er ihn. »Au ja«, sagt der. »Na, dann komm«, meint sein Vater, nimmt ihn auf den Arm und trägt ihn in die Apotheke, die sich ein paar Schritte weiter befindet.

Das rote Pflaster hat dann auch die Mama noch bewundert und ein Küsschen daraufgegeben. Florian hat es noch ein paar Tage getragen, voller Stolz. »Obwohl es gar nicht mehr weh tut«, wie er sagt.

Im Schmerz gesehen und angenommen werden, mit Ihren Worten und Ihrer Zuwendung, das ist es, was Ihr Kind von Ihnen braucht, um getröstet zu werden. Nicht nur bei körperlichem Schmerz, auch wenn zum Beispiel die Klassenkameraden wieder einmal gemein waren.

Ihre Ratschläge sind erst dann gefragt, wenn Ihr Kind getröstet ist, wenn es Ihnen wieder zuhören kann. Im Zweifelsfall fragen Sie nach, zum Beispiel: »Willst du hören, was ich gemacht hätte?«

Erkennen Sie den Schmerz Ihres Kindes an! Verleugnen, bagatellisieren oder übergehen Sie ihn nicht, nur weil er gerade nicht in Ihren Zeitplan passt. »Das tut aber weh, nicht wahr?« Erst wenn Ihr Kind sich in seinem Schmerz angenommen fühlt, kann es HINSPÜREN und ihn VERARBEITEN, weil es nicht um Ihre Aufmerksamkeit kämpfen muss. Vermeiden Sie Sätze wie »Tut doch schon nicht mehr weh« oder »Was dich nicht umbringt, macht dich stark«. Geben Sie nicht den Überlegenen. Sagen Sie vor allem nicht: »Bist ja selbst schuld.«

Geliebt wirst du dort,
wo du **schwach sein** darfst,
ohne Stärke hervorzurufen.

[Theodor W. Adorno | *deutscher Philosoph* (*1903–1969)*]

Lassen Sie zu, dass Ihr Kind seine Gefühle ausdrückt! Gerade ein jüngeres Kind, das für seine Situation noch keine Worte hat, kann aus einem Schockzustand geholt werden, indem Sie verbalisieren, wie es ihm wohl geht: »Jetzt hast du dich aber erschreckt.« Ihrem Kind ab etwa vier Jahren hilft ein teilnahmsvolles »Was ist denn los mit dir?«

Trösten Sie Ihr Kind aktiv – indem Sie auf die schmerzende Stelle ein Küsschen geben, AUF DIE WUNDE PUSTEN, ein »Heile, heile Segen« sprechen, es bei Kummer in den Arm nehmen und schaukeln.

Abenteuer:

Mit **Papa** hab ich keine Angst!

→ Bei Abenteuern können Kinder ihre Energie, ihre Lebenslust und Leichtigkeit am besten erleben und ausleben. Dabei sind Sie als Vater heiß begehrt: Sie inspirieren Ihr Kind, wenn es seine Umwelt entdeckt und Selbstständigkeit demonstriert. Da bei Müttern das Sicherheitsbedürfnis oft größer ist, sind Väter wie geschaffen dafür, ihr Kind in die Welt des Abenteuers hinauszuführen.

Mit Papas Hilfe
die Welt entdecken

Die meisten Väter lieben es, schon ihr Baby und Kleinkind zu necken und sanft zu verwirren. Sie locken es ein bisschen heraus aus seiner Geborgenheit und Gemütlichkeit. So lernen Kinder, mit Irritationen besser umzugehen. Sie entwickeln ANPASSUNGSFÄHIGKEIT und können das Leben auch dann akzeptieren, wenn es einmal anders läuft als erwartet.

Schon früh fordern Väter ihre Kinder heraus und bringen sie dazu, nach Lösungen zu forschen und sich dabei auf die eigenen Kräfte zu verlassen. So fördern sie ihr DURCHHALTEVERMÖGEN. Väter ermutigen meist noch mehr als Mütter ihr Kind bei seinen Unternehmungen. Sie spornen es an, beim Spielen und später beim Sport an seine Grenzen und ab und zu auch darüber hinauszugehen. Auf diese Weise können Kinder ein Gefühl für ihre LEISTUNGSFÄHIGKEIT entwickeln.

Countdown zur Selbstständigkeit

Väter sind mit einer Raketenbasis zu vergleichen: Mit ihrer Hilfe kann ihr Kind sich schon früh immer wieder vom Boden losreißen. Mit Papa als sicherem Hafen kann man Purzelbäume in der Umlaufbahn schlagen! Wenn Sie mit Ihrem Kind einen Hügel oder einen Berg bezwingen, einen See durchfahren, vielleicht sogar ein Stück Meer, wenn Sie mit ihm unter freiem Himmel übernachten und ihm dabei GESCHICHTEN ZU DEN STERNEN erzählen, entsteht ein spezielles Band zwischen Ihnen und Ihrem Kind: das Band der Abenteurer. Auch für viele Mütter sind Abenteuer Vatersache: Staudämme bauen, Feuer machen, Pfeil und Bogen schnitzen …

3

Risiko und Nervenkitzel – mit Bedacht

Ein Abenteuer ist mit einem gewissen (wenn manchmal auch nur gefühlten) Risiko verbunden. Es unterscheidet sich stark vom Alltag und vom gewohnten Umfeld. Der Ausgang ist ungewiss.

Sie steuern das Risiko der gemeinsamen Unternehmung so, dass es für Ihr Kind angemessen ist und auf keinen Fall seine Sicherheit gefährdet. Etwa bei der Nachtwanderung: Während Sie an einer Abzweigung mit Ihrem Kind beratschlagen, welcher Weg der richtige ist, haben Sie die Route genau im Kopf und können daher einen kleinen Umweg riskieren. Sie zweifeln nicht daran, wieder gut heimzufinden – aber Ihr Kind fühlt sich nach der glücklichen Rückkehr mutig und stark. Die Krönung des Abends: Mama nimmt die VERWEGENEN ABENTEURER stolz in Empfang und spendiert einen heißen Kakao.

Jungen gehen in den Abenteuern auf und mögen es oft recht wild und laut. Mädchen genießen dabei vor allem die Gelegenheit, sich mit ihrem Vater auszutauschen und ihn einmal ganz allein für sich zu haben.

TIPP

Aus Papas »wilden Jahren«

Vielleicht hatte Ihr eigener Vater kaum Zeit, mit Ihnen auf Entdeckungsreise zu gehen. Aber sicherlich haben Sie zumindest mit Freunden, Schulkameraden, Geschwistern, Cousins und Cousinen oder in Jugendgruppen Stadt und Land unsicher gemacht. Gehen Sie noch einmal zurück in diese spannende Zeit: An welche Gänsehaut-Momente erinnern Sie sich? Was würden Sie heute auch mit Ihren Kindern unternehmen? Bei welchen Erinnerungen stehen Ihnen eher die Haare zu Berge? Erzählen Sie auch Ihrem Kind davon, es wird begeistert sein!

Kleine Abenteuer

Für Ihre kleinen Abenteuer müssen Sie nicht viel vorbereiten und keine weiten Wege zurücklegen: Hier kommt es darauf an, den Alltag zu »verzaubern«! Durch Papas Entdeckerlust und seine Freude daran, sein Kind mit Neuem zu überraschen und zu konfrontieren, werden selbst Kleinigkeiten zum Abenteuer. Im Alter zwischen vier und sieben Jahren durchlebt Ihre Tochter oder Ihr Sohn die sogenannte MAGISCHE PHASE. Ihr Kind liebt es jetzt sehr, sich in selbst erschaffenen Welten zu bewegen. Unterstützen Sie es bei diesem wichtigen Entwicklungsschritt, indem Sie seine Fantasie immer wieder mit kleinen Abenteuern anregen.

So wird der Alltag spannend

»Komm, wir schleichen mal wie die Indianer im Wald durch den Supermarkt und versuchen, so wenig Geräusche wie möglich zu machen. Wenn uns keiner bemerkt, können wir vielleicht eine Pizza erbeuten!« Thomas und sein fünfjähriger Sohn Nick spähen mit Adleraugen das Kühlregal aus, pirschen sich zwischen den Regalen an und nehmen zwei Salamipizzas gefangen. Jetzt aber im Galopp zur Kasse!
Draußen auf der Straße muss Nick erst mal die Anspannung lösen und ein lautes Triumphgeheul loslassen …
Guten Vätern gelingt es immer wieder, kreativ zu sein, aus dem Alltag ein Abenteuer zu machen. Da wird die Badewanne zum Ozean und der Spielplatz zum Indianerdorf. Lernen Sie die Interessen Ihres Kindes kennen: Wenn Ihre Tochter Fische liebt, können Sie sie mit einer Besteigung der Eiger-Nordwand auf dem Klettergerüst vielleicht nicht vom Hocker reißen – mit einer imaginären Kreuzfahrt im Fantasie-Glasbodenboot durch den Sandkasten sehr wohl.

3

Pfandflaschen entsorgen

Wenn Sie schon mit Ihrem Kind in den Supermarkt gehen, können Sie auch gleich die Pfandflaschen mitnehmen. Die Automaten zur Pfandflaschenrückgabe faszinieren Kinder. Besonders in der magischen Phase zwischen vier und sieben Jahren (siehe Seite 83) identifizieren sie sich mit allem Möglichen: »Die Flasche verschwindet in der unheimlichen, lauten Maschine – ich könnte auch darin verschwinden!« Aber am Ende ist doch alles gut gegangen. Ihr Kind darf erleichtert die Bontaste drücken und den Zettel herausnehmen. Wenn Sie genug Flaschen hatten, reicht der Betrag auf dem Bon vielleicht für einen kleinen Wunsch.

Essen gehen

Wenn Ihr Kind etwa sechs Jahre alt ist, können Sie es schon zum Essen ausführen. Zum Beispiel in schicken Klamotten zum feinen Italiener: Wie aufregend, die ganze Zeremonie mit der Platzwahl, mit Stoffserviette und Kerzenschein, mit drei Gängen und verschiedenen Gabeln und Messern aus Silber! Das ist doch etwas ganz anderes als am Familientisch. Ihr Kind gibt sich in dieser Atmosphäre bestimmt extra Mühe, sich gut zu benehmen und nicht ungut aufzufallen.

Mit dem Zug fahren

Viele Kinder lieben Bahnfahrten – auch weil ihr Vater sich ihnen dann entspannt widmen kann, ohne sich aufs Autofahren konzentrieren zu müssen. Gehen Sie doch mal mit Ihrem Kind und mit etwas Zeit zum Bahnhof und vereinbaren, IN DEN NÄCHSTEN ABFAHRENDEN BUMMELZUG oder die S-Bahn zu steigen – und zwei Stationen weiter wieder aus. Wo sind wir gelandet? Wem begegnen wir? Gibt es etwas zu essen? Wann fährt ein Zug zurück? Ihr Kind darf am Schalter fragen. Unterwegs beim Betrachten der Landschaft malen Sie sich aus: Was könnte hier passiert sein? Was könnten Sie beide hier erleben?

Durch die Autowaschanlage fahren

Kinder ab drei Jahren sind fasziniert von Autowaschanlagen: Wie die
Bürsten sich langsam nähern, wie Wasser und Schaum das Auto ein-
hüllen, die laute, nasse Geräuschkulisse … Wird die Fahrt ins Unge-
wisse gut enden? Kommen wir hier wirklich trocken wieder raus?
Die Waschanlage kann auch zur Schleuse durch Zeit und Raum werden,
das Auto zum U-BOOT ODER RAUMSCHIFF. Oder zur Geheim-
dienstzentrale: So erzählt Oliver, dass er und sein achtjähriger Sohn
Martin die wirklich wichtigen Gespräche im Auto in der Waschanlage
führen, weil: »Da können wir nicht abgehört werden.«

Abenteuergeschichten erfinden

Ein krönender Tagesabschluss kann darin bestehen, noch ein bisschen
am Küchentisch zu plaudern: Vielleicht gelingt es Ihnen und Ihrem
Kind dabei, die Erlebnisse des Tages in eine gemeinsame Story zu
packen. Oder Sie spinnen diese in der Fantasie nach Herzenslust
weiter. Als Gutenachtgeschichte können Sie dann wieder etwas
»Harmloseres« auswählen, damit Ihr Kind zur Ruhe kommt.

INFO

»Papa, ich will ein Messer!«

Kinder ab sieben Jahren können bereits mit einem Messer umgehen, wenn Sie es
ihm genau zeigen. Schenken Sie Ihrem Kind ein Schnitzmesser mit rund zulaufen-
der Spitze und zeigen Sie ihm auch wie man schnitzt – immer vom Körper weg.
Durchsuchen Sie Ihren Fundus auch nach anderen Dingen, die Ihr Kind für
Abenteuer brauchen kann: eine Lederumhängetasche und kleine Behälter für Pilze,
Steine, Schneckenhäuser. Ein altes Fernrohr. Ein Kompass. Eine Trinkflasche …

Große Abenteuer

Der Übergang von den kleinen zu den großen Abenteuern ist fließend – es kommt vor allem darauf an, wie viel Zeit Sie aufwenden können. Große Abenteuer sind wirkliche Höhepunkte, von denen Vater und Kind noch lange erzählen, von manchen sogar ein Leben lang. Der Zeitbedarf ist mindestens ein halber Tag, wenn möglich ein ganzer.

Für große Abenteuer brauchen Sie als Vater nicht nur Spontaneität, sondern auch eine klare ORGANISATION UND PLANUNG. Nichts ist schlimmer, als wenn Sie mit Ihrem Kind vor dem aufgeschichteten Feuerholz stehen und keine Streichhölzer dabeihaben. Oder wenn Sie beim Übernachten im Freien das Kuscheltier Ihres kleinen Kindes vergessen haben und es einfach nicht einschlafen kann.

TIPP

Abstand vom Alltag

Für das gemeinsame Eintauchen in die Abenteuerwelt von Vater und Kind brauchen Sie Distanz zum Alltag. Kinder können meist sehr gut abschalten, aber wir Erwachsenen haben oft Schwierigkeiten, die unerledigten Aufgaben wirklich hinter uns zu lassen. Auch die noch nicht gemachten Hausaufgaben unserer Kinder können uns in die Freizeit hinein verfolgen. Wenn Sie schwer ab- und umschalten können, stellen Sie sich einen Ort vor, an dem all die Verpflichtungen und Aufgaben bis zum nächsten Tag oder zur nächsten Woche sicher verwahrt sind – zum Beispiel einen großen Safe mit dicken Wänden. Dort kommen all die wichtigen Dinge hinein, die getan werden müssen. Das nimmt Ihnen die Sorge, den Faden zu verlieren: Wenn Sie wiederkommen, ist alles noch da und kann erledigt werden.

Mit Papa auf Expedition

Bei Ihren gemeinsamen Abenteuern sind Sie immer für die Sicherheit Ihres Kindes verantwortlich. Sie müssen wissen, wo die Grenzen Ihres Kindes sind, die Sie nicht überschreiten dürfen: »Gibt es im Boot eine passende Schwimmweste für mein Kind?« – »Sind in der Wanderroute Kletterpartien über Felsen eingezeichnet? Schafft mein Kind das?« Ich wünsche Ihnen viel Freude bei all Ihren Unternehmungen!

Wandern

Wenn Sie gerne wandern, ob in den Bergen oder im unmittelbaren Umland, wird Ihr Kind wahrscheinlich bald den Wunsch äußern: »Papa, darf ich mit?« Wenn möglich, erfüllen Sie ihm diesen Wunsch. Schon das Einkleiden ist ein Abenteuer: Welche BERGSCHUHE passen am besten? (Wichtig: vor dem Wandern ein paar Tage gründlich einlaufen!) Welche REGENJACKE ist die richtige? Natürlich braucht Ihr Kind auch einen eigenen Rucksack, denn nur so fühlt es sich als vollwertiger Bergkamerad. Planen Sie die Route gemeinsam und stimmen Sie sie auf die Möglichkeiten Ihres Kindes ab. Sorgen Sie für genug Proviant – auch SCHOKOLADE nicht vergessen.

Die Atmosphäre an einem Wander-Tag ist unvergleichlich und unvergesslich: die Vorfreude am Abend, das frühe Aufstehen, der Morgennebel, das Broteschmieren, das Schnüren der Wanderschuhe …

Gerade bei den ersten Wanderungen entdeckt Ihr Kind seine eigene Leistungsfähigkeit: »Wie lang kann ich eigentlich laufen? Kann ich diesen steilen Hügel hinaufgehen, ohne aus der Puste zu kommen? An welcher Stelle lässt sich der Bach am besten überqueren?« An jeder Wegbiegung tauchen neue faszinierende Dinge auf, man trifft andere Wanderer, sieht wilde Tiere und besondere Pflanzen und Steine, umgefallene Baumstämme … Wandern erweitert den Horizont. Am Abend kehrt man mit vielen neuen Eindrücken heim.

Für »Durststrecken« packen Sie einen kleinen Fotoapparat ein, mit dem Ihr Kind interessante Entdeckungen am Wegesrand festhalten kann. Oder Sie machen ein Spiel daraus: Ihr Kind schließt die Augen, Sie führen es zu einer schönen Blume, einem bunten Käfer. Ihr Kind öffnet kurz die Augen und schließt sie wieder. So macht es ein »inneres Foto« von dem Fundstück, das es immer wieder hervorholen kann.

Ein Lagerfeuer machen

Wenn gerade nicht die Zeit der Oster- oder Johannisfeuer ist, entfachen Sie doch selbst ein Feuer! Erkundigen Sie sich bei der Gemeindeverwaltung, ob Sie Ihr Feuer anmelden müssen. Lassen Sie Ihr Kind beim HOLZSAMMELN helfen und auch beim AUFSCHICHTEN UND ANZÜNDEN. Bereiten Sie ein paar Geschichten vor, die Sie am Lagerfeuer erzählen können. Der Höhepunkt: Würstchen am selbst zurechtgeschnitzten Stock grillen. Oder Stockbrot: Hefeteig wird spiralförmig um einen abgeschabten Stock geschlungen und das Ganze über der Hitze des Feuers knusprig braun gebacken.

TIPP

Reißende Bäche, verborgene Schätze

Kinder lieben aufregende Ziele. Erwandern Sie eine Klamm oder entdecken Sie zusammen Höhlen oder unterirdische Seen, die es in Salzbergwerken gibt. Informationen zu solchen Orten in Ihrer Nähe finden Sie im Internet, zum Beispiel beim Landesamt für Umwelt Ihres Bundeslandes unter der Rubrik »Geologie«. Ein paar Adressen zu besonders schönen Klammen finden Sie auf Seite 156. Oder Sie suchen mit Ihrem GPS-Gerät nach versteckten Schätzen, die von den sogenannten »Geocachern« versteckt wurden (Internetadresse siehe Seite 156).

Lehren Sie Ihr Kind Respekt vor dem Feuer, und zeigen Sie ihm vor allem, wie man sicher mit diesem Element umgeht. Also: Immer eine Löschdecke dabeihaben, für den Fall, dass zum Beispiel die Kleidung Feuer fängt! Beim Verlassen der Feuerstelle ganz sichergehen, dass es gelöscht ist und nicht noch ein Glutnest übrig bleibt.

Im Freien übernachten

Vielleicht können Sie mit dem Lagerfeuer sogar eine Übernachtung unter freiem Himmel verbinden. Woanders zu schlafen ist für Kinder schon ein Abenteuer, und dann noch mit Blick auf Mond und Sterne – herrlich! Auch die GERÄUSCHKULISSE IN DER NATUR ist ganz anders als zu Hause. Rechnen Sie damit, dass Ihr Kind nicht gleich einschlafen kann und noch plaudern möchte. Beachten Sie die Wettervorhersage. Achten Sie darauf, dass eine überdachte Unterkunft in der Nähe ist, etwa eine Scheune. Besorgen Sie für sich und Ihr Kind eine gute Unterlage und einen warmen Schlafsack. Eine Taschenlampe für jeden muss mit, und das Lieblingskuscheltier Ihres Kindes darf ebenfalls nicht fehlen. Übrigens: Zum Draußenschlafen gibt es in jedem Land beziehungsweise Bundesland andere Bestimmungen, erkundigen Sie sich bei der zuständigen Gemeinde.

Eine Hütte im Wald bauen

Errichten Sie mit Ihrem Kind eine Hütte im Wald. Die besondere Herausforderung dabei: Es dürfen nur Materialien verwendet werden, die Sie im Wald finden – dann gibt es auch keinen Ärger mit dem Förster. Herumliegende Stöcke, Farn, Moos, trockene Waldgrashalme, die man auch zu Matten oder Stricken flechten kann: Fertig ist die Waldbehausung. Von hier aus kann man zum Pilze- oder Beerensammeln losziehen. Warten Sie in der Abenddämmerung ganz still im Waldhaus, ob ein Reh vorbeikommt, ein Hase oder ein Fuchs! Am nächsten Tag gehen Sie gemeinsam nachschauen, ob die Hütte noch steht.

3

Fische fangen

Wenn Sie einen Fischereischein haben, sollten Sie Ihr Kind unbedingt einmal mitnehmen: Angeln gehen ist ein archaisches, beeindruckendes Vater-Kind-Erlebnis. Sich wie die Jäger und Sammler die Nahrung selbst aus der Natur zu beschaffen, sie später vielleicht gemeinsam zuzubereiten ist für Ihr Kind sehr spannend. Angeln lässt sich auch bestens mit einem Lagerfeuer oder einer Bootsfahrt kombinieren.

Boot fahren

Wasser ist der Stoff, aus dem Abenteuer gemacht sind. An einem Sommermorgen einen See überqueren, einen Fluss hinabfahren: ein unvergessliches Erlebnis, vor allem wenn man Fische, Wasserratten, Graureiher, einen Biber, junge Enten sieht. Wenn ein Motorboot überholt, gibt es SEEGANG – aber Papa hat das Boot im Griff. Entdecker der Weltmeere tragen natürlich eine Schwimmweste und haben Proviant sowie alles Nötige für eine Flaschenpost dabei (Flasche, Korken, Stift, Papier): Man könnte ja auf einer einsamen Insel stranden. Natürlich kann Ihr Kind auch seine Adresse hineinlegen, vielleicht schreibt der Finder ja mal! Ihr Leichtmatrose lernt vom Käpt'n die wichtigsten Seefahrtsbegriffe und Knoten (Buchtipps siehe Seite 155). Ein Seil kann man außerdem an einen Ast knoten und sich mit Tarzan-Geheul ins Wasser schwingen.

Bachwandern

Suchen Sie einen kleinen Bach, an dessen Ufer Sie zusammen entlangwandern können. Wenn Sie mit Gummistiefeln ausgerüstet sind und der Bach ein steiniges Bett hat, können Sie auch direkt im Bach laufen, im Sommer geht das auch in Gummisandalen. Unterbrechen Sie Ihre Wanderung immer wieder, um einen Staudamm zu bauen oder ein Wasserrad. Nehmen Sie wasserdicht verpackte Ersatzkleidung mit – für den Fall, dass Sie und Ihr Kind unfreiwillig baden gehen.

Bei den Tieren im Zoo

»Schon wieder in den Zoo?« – Nach ein, zwei Besuchen im Tierpark
ist Ihr Kind mit diesem Vorschlag vielleicht nicht mehr vom Hocker
zu reißen. Interessanter wird es, wenn Ihr Kind einen engeren Bezug
zu den Tieren entwickeln kann: Geben Sie ihm im Zoo kleine Aufgaben, zum Beispiel eine Vogelfeder zu suchen. Oder einen Tier-
pfleger zu finden und ihn zu fragen, bei welchen Tieren demnächst
Nachwuchs erwartet wird – und diese Tiere und ihre Jungen immer
wieder besuchen.

In vielen Zoos wird der nähere Kontakt zu einigen Tieren gefördert. Da
kann Ihr Kind auch mal einen Elefanten füttern. Einen Fisch anfassen.
Ein Tigerbaby streicheln. Ihr älteres Kind hat vielleicht auch schon
kritische Fragen wie: »Macht es den Tieren nichts aus, dass sie
eingesperrt sind?« – Einerseits können Zoos bei einigen Tierarten zur
Arterhaltung beitragen. Andererseits kann eine Haltung im Gehege
selten artgerecht sein. Diskutieren Sie dieses Thema!

Auf den Spuren des Yeti

Wenn im Winter der Schnee mal als dicke weiße Decke liegen bleibt,
können Sie mit dem Schlitten zum Einkaufen fahren: Ihr Kind darf
aufsitzen, Sie ziehen. Oder: ein Iglu bauen – dazu müssen Sie keine
Blöcke aussägen, große Kugeln wie beim Schneemannbauen tun's
auch. Die Ballen werden fest mit Schnee verfugt, vor den Eingang
kommt eine Decke. Innen wird es gemütlich durch KERZEN und
HEISSE SUPPE aus der Thermoskanne. Besonders toll: Wasser
ein paar Stunden in einem Eimer anfrieren lassen, dann das nicht
gefrorene Wasser auskippen, die »Schale« aus Eis aus dem Eimer
nehmen und eine Kerze hineinstellen. Sicher durch den Schnee
kommen Nachwuchs-Yetis mit Schneeschuhen aus alten Tennis-
schlägern: einfach die Griffe absägen und die Schläger mit langen
Klettbändern an den Stiefeln befestigen.

3

Abenteuer
bei Schlechtwetter

Seien Sie kein »Schönwetterpapa« – lassen Sie sich auch von Regen, Sturm und Schneematsch zu Abenteuern anregen. Auch hier sind Sie Vorbild für Ihr Kind: Ob Sie sich vom Regen unglücklich machen lassen oder sich wohlgemut in die Regenkluft schmeißen oder sich was Tolles für drinnen ausdenken, Ihr Kind wird es Ihnen gleichtun.

Schlechtes Wetter gibt es nicht!

»Wenn Papa und ich Zeit haben, schauen wir Blitze und lauschen dem Donner! Dann wickeln wir uns in Decken und sitzen auf der Terrasse unterm Dach. Wir reden ein bisschen und schauen das Gewitter an. Man kann ausrechnen, wie weit weg das Gewitter ist. Nebenbei trinken wir Tee oder Kinderpunsch – das ist immer so gemütlich!«

Dachboden und Keller durchforsten

Wenn Sie einen geräumigen Dachboden oder Keller haben, können Sie auch dort mit Ihrem Kind Abenteuer erleben. Entdecken Sie zusammen diesen Raum, gestalten Sie ihn um: alte Matratzen zum Toben auslegen. Mit Decken, Tüchern und Seilen eine abenteuerliche Welt gestalten und darin Theater oder Verstecken spielen.

Vielleicht gibt es ja auch EINE MENGE SCHÄTZE, sprich abgestelltes Gerümpel, auf dem Dachboden oder im Keller. Räumen Sie zusammen auf und begutachten Sie gemeinsam interessante Fundstücke: alte Schulhefte von Mama. Papas karierten Mantel aus der Studentenzeit. Der alte Computer. Die Wickelkommode Ihres Kindes. Interessante Sachen für den Theaterfundus (siehe Seite 114). Welche Geschichten fallen Ihnen dazu ein – welche Fragen hat Ihr Kind? Kann sein, dass

Keller oder Dachboden am Abend immer noch nicht tipptopp aufgeräumt sind, aber Ihr Kind und Sie haben sich schon mal einen Überblick verschafft und ein paar interessante Stunden verbracht.

Eine Höhle im Kinderzimmer bauen

Ein Klassiker: Werfen Sie im Kinderzimmer oder Wohnzimmer über zwei, drei Stühle mehrere Decken. Mit einer Taschenlampe und einer Tüte Kekse kann Ihr Kind sich in diesen gemütlichen Raum zurückziehen – Papas dürfen auch (manchmal) mit reinkommen.

Für kleine und große Bücherwürmer

Die meisten öffentlichen Bibliotheken und Buchhandlungen haben sehr schöne Bereiche für Kinder, meist sogar mit Liege- und Kuschelecken. Gehen Sie AUF SCHATZSUCHE nach Kinder- und Märchenbüchern. Genießen Sie das Lesen zu zweit, und nehmen Sie die schönsten Bücher mit nach Hause.

Einen Regenspaziergang machen

Sorgen Sie vor für Regentage und gehen Sie mit Ihrem Kind in die Stadt, passendes Regenzeug kaufen. Dabei darf es (natürlich in Abstimmung mit Ihrem Geldbeutel) mit entscheiden, ob es das klassische gelbe Ölzeug und die gelben Gummistiefel möchte oder lieber die schicke schwarze Regenjacke. Bestimmt kann es Ihr Kind kaum erwarten, bis es endlich mal die neuen Sachen draußen erproben darf – da kann der Feldweg nicht matschig genug, die PFÜTZEN nicht tief genug sein! Wer bringt beim Hineinspringen die größere Flutwelle zustande? Wer macht die tollsten Schmatzgeräusche mit den Gummistiefeln im SCHLAMM? Wer kriegt den lautesten Regenschrei hin? Beachten Sie aber: Kinder kühlen schneller aus als Erwachsene. Kehren Sie nach Hause zurück, bevor Ihr Kind friert, und gönnen Sie beide sich dort eine heiße Dusche und einen Kakao oder Tee.

Auf einen Turm steigen

Ob Kirchturm, alte Stadtmauer oder geheimnisvolle Burgruine: Kinder wollen ganz nach oben! Fragen Sie bei Ihrer Gemeinde oder dem Fremdenverkehrsamt nach, welche Möglichkeiten es in Ihrer Nähe gibt, mit Ihrem Kind Höhenluft zu schnuppern.

Wie viele Stufen sind es nach oben? Zählen Sie gemeinsam laut mit! Wird es einem auf der Wendeltreppe schwindelig? Informieren Sie sich gemeinsam: Was ist hier früher passiert, wie alt ist das Gemäuer eigentlich? Wenn man endlich oben ist, kann man die neue, für kleine Kinder oft ziemlich atemberaubende Perspektive genießen und versuchen, vertraute Orte auszumachen. Dabei ist natürlich ein Fernglas ein absolutes Muss (siehe auch Seite 152).

Sich im Einkaufszentrum herumtreiben

Einkaufszentren üben auf viele Kinder eine magische Wirkung aus. Es muss nicht unbedingt etwas gekauft werden: Sich im Gewühl der Menschen durch dieses Schlaraffenland zu bewegen und dabei dem Papa vielleicht die aktuellen Wünsche zeigen zu können ist ein Erlebnis, ebenso die gemeinsame kleine Stärkung am Imbissstand. Falls Sie Ihrem Kind etwas kaufen möchten, vereinbaren Sie mit ihm einen Höchstbetrag, der nicht überschritten werden darf.

Theater – mit und ohne Kasperl

Inmitten einer Horde anderer Kinder zu sitzen und den Hauptakteur mit einem lauten »Kasperl!« vor dem Krokodil zu warnen ist für kleine Kinder ein Abenteuer. Achten Sie darauf, ob Ihr Kind lieber bei Ihnen oder schon bei den anderen Kindern sitzen will. Im Gegensatz zum Fernsehen macht hier der LIVE-EFFEKT für Ihr Kind das Besondere aus. Für Ihr Schulkind gibt es auch schon Vorstellungen im »richtigen« Theater, oft auch am Nachmittag. Dort werden Märchen oder beliebte Kinderbücher in Szene gesetzt.

Mit Papa ins Kino

Für viele Kinder gibt es nichts Schöneres: an einem verregneten Nachmittag mit Papa losziehen und sich endlich den Kinofilm ansehen, auf den sie schon so lange gewartet haben. Das ganze Drumherum im Kino ist Teil des Abenteuers: DER POPCORNDUFT, der Ticketkauf, die Platzwahl, der Moment, in dem das Licht ausgeht … In kleineren Kinos dürfen die Kinder auch mal mit dem Filmvorführer in den Projektorraum. Toll, die großen knatternden Maschinen mit den riesigen Filmspulen – nehmen Sie die Gelegenheit wahr, bevor alle Kinos auf Digitaltechnik umstellen!

Wenn schon nass, dann richtig: ab ins Hallenbad

Im Hallenbad ist es meist wohlig warm, und mit Papa zu plantschen, zu schwimmen und zu springen ist großartig. Nehmen Sie Taucherbrillen mit und lassen Ihr Kind je nach seinem Alter nach kleinen Gegenständen tauchen oder fischen – zum Beispiel nach der dicken Münze, mit der es sich später Pommes kaufen darf.

Flughafen und Bahnhof

Kleine Technikfreaks lieben es, an einem Regentag zusammen mit Papa die Flugzeuge abheben zu sehen und das Gemisch aus nassem Asphalt und Kerosin zu riechen. Schauen Sie nach, wohin die nächsten Flüge starten, und malen Sie sich diese Orte gemeinsam aus.

Bei Papa im Büro

Wenn Ihr Kind Schulferien hat und Sie gerade nicht übermäßig belastet sind, nehmen Sie es doch einfach mal mit an Ihren Arbeitsplatz – natürlich in Absprache mit Chef und Kollegen. Erklären Sie Ihrem Kind, was Sie tun. Geben Sie ihm kleine Aufträge, zum Beispiel etwas lochen oder kopieren. Ihr Kind wird fasziniert sein – und nun auch besser verstehen, woher das Geld für Ihre Familie kommt.

3

Schnitzeljagd im Haus

Eine Schnitzeljagd kann auf zweierlei Weise funktionieren: Entweder die »Jäger« suchen nach einem Schatz, zu dem es eine heiße Spur von Hinweisen gibt, oder sie kommen an verschiedenen Stationen vorbei, an denen sie Rätsel lösen und kleine Aufgaben meistern müssen – zum Beispiel ein Lied vorsingen, eine Frage beantworten, mit geschlossenen Augen eine Frucht an ihrem Duft erkennen … Am Ende winkt ein kleiner Preis. Der Schatz oder Preis kann aus ein paar Süßigkeiten oder kleinen Spielzeugen bestehen. Laden Sie ein, zwei Freunde Ihres Kindes ein. Sicher ist es für Ihr Kind »Ehrensache«, die von Papa gestellten Herausforderungen möglichst gut zu meistern! Wenn Sie in einer größeren Wohnanlage wohnen und dort mehrere Kinder sind – umso besser: Sprechen Sie sich mit den anderen Familien ab, vielleicht sind sie froh um Ihre gute Schlechtwetter-Idee.

Gar nicht langweilig: ein Museumsbesuch

Immer mehr Museen machen ihre Räume auch für Kinder und Jugendliche sehr interessant. So gibt es Dinosaurierausstellungen, gläserne Menschen, technische Apparaturen, die wahrscheinlich auch die Neugierde Ihres Kindes wecken. Erkundigen Sie sich, welches Museum in Ihrer Nähe auf die Bedürfnisse von Kindern eingeht, und besuchen Sie es mit Ihrem Kind am nächsten Regentag. Gehen Sie mit Ihrem Kind auf ENTDECKUNGSREISE IN ANDERE WELTEN, suchen Sie gemeinsam nach Antworten auf Fragen, gruseln Sie sich zusammen ein bisschen, zum Beispiel in der höhlenkundlichen Abteilung oder bei der Spinnen-Sonderausstellung im Naturkundemuseum. Geben Sie Ihrem Kind kleine Aufgaben: »Auf welchem Bild ist eine einzelne rote Blume?« – »Wann sind die Menschen auf dem Mond gelandet?« – »Was ist eigentlich ein Wankelmotor?«
Es gibt auch Museen und Abteilungen eigens für Kinder. Unter dem Suchwort »Kindermuseum« finden Sie im Internet viele Adressen.

Reisen – auf großer Fahrt

Abenteuerliche Reisen von Vater und Kind schaffen unvergessliche Erinnerungen. Wenn ich in Familien das Gespräch auf Abenteuerreisen mit dem Vater bringe, sprudeln oft von allen Seiten die Geschichten: »Weißt du noch, bei der SEGELREISE, wie das Tau in den Propeller vom Außenborder gekommen ist und wir nicht mehr manövrieren konnten«, erzählen Vater und Töchter fast gleichzeitig. Oder: »Wie du im SCHNEEFELD ausgerutscht bist und dir den Finger aufgeschnitten hast.« Stolz zeigt der Vater die kleine Narbe am Ringfinger.

Gehen Sie wenn irgend möglich einmal mit Ihrem Kind auf große Fahrt. Das Band zu Ihrem Kind wird kräftiger werden, gerade wenn Sie beide im Alltag vielleicht zurzeit mit einigen Problemen kämpfen. Lassen Sie sich nicht abschrecken von »Ich mag nicht«, wie es Kinder gerne ab einem gewissen Alter kundtun.

Der Mindestzeitbedarf ist zwei Tage, viel schöner aber ist eine Woche oder vielleicht sogar zwei. Egal, ob Sie mit dem Fahrrad, mit dem Auto, der Bahn, mit dem Boot oder mit PFERD UND PLANWAGEN unterwegs sind: Sie und Ihr Kind sind für lange Zeit sehr eng zusammen. Damit die Enge nicht zum Alptraum wird, achten Sie darauf, dass sich Ihre Interessen so weit wie möglich decken. Wenn Sie und Ihr Kind gerne segeln, dann kann ein Segeltörn das absolute Vater-Kind-Highlight sein. Kommt Ihr Kind nur Ihnen zuliebe mit, ist es nur eine Frage der Zeit, bis es unzufrieden wird und vom gemeinsamen Abenteuer nichts mehr wissen will.

> Das Reisen führt uns
> zu uns zurück.

[Albert Camus | *französischer Philosoph und Schriftsteller (1913–1960)*]

Stimmen Sie unbedingt mit Ihrem Kind ab, wohin die gemeinsame Reise
gehen soll, womit Sie reisen und wie die Aufenthalte gestaltet werden
sollen. Luxushotel gegen Campingplatz: Vor allem Jungen lieben es oft
eher spartanisch und abenteuerlich!

Nur noch fünfmal schlafen ...

Kaum etwas ist aufregender für Kinder als die Planung einer Reise,
das Abzählen der Nächte, die man noch schlafen muss, das Packen,
das Aufstehen – spätestens zum Morgengrauen – am Abreisetag …
Reisen mit Kindern wollen sehr gut vorbereitet sein. Das beginnt
schon mit der Routenplanung: Wie verläuft die Reise, an welchen
Stationen wollen Sie anhalten, was gibt es dort zu sehen? Was möchten Sie und Ihr Kind auf jeden Fall besichtigen? Wo kann man gut
und günstig übernachten? Wenn Sie gemeinsam Reiseführer und
LANDKARTEN WÄLZEN und sich im Internet schlau machen,
beginnt das Abenteuer schon in der Fantasie.

Erstellen Sie auch ein Schlechtwetterprogramm! Aber übertreiben Sie Ihre
Planung nicht, ein Reiseabenteuer lebt vom spontanem Geschehen,
Straßenmusikern am Wegesrand, zufälligen Begegnungen mit netten
Menschen und vielem mehr. Halten Sie also eine gute Balance
zwischen Planung und Raum für Begegnungen, Zufälle, spontane
Aufenthalte und interessante Umwege.

Doch nicht nur die Route und ihre Stationen mit Unterkunft und Sehenswürdigkeiten müssen geplant werden, auch die Ausrüstung für das
jeweilige Reiseabenteuer will berücksichtigt werden. Im Internet gibt
es viele Hinweise, was Sie an Ausrüstung brauchen – sei es eine
Bergüberquerung oder ein Segeltörn. Auf Seite 156 finden Sie einige
hilfreiche Adressen. Legen Sie Listen an, auf denen Sie eingepackte
Utensilien abhaken können. Denken Sie auch an eine Reiseapotheke,
Ihr Apotheker berät Sie gerne!

Auf großer Fahrradtour

Wenn Sie und Ihr Kind gerne gemeinsam Rad fahren, ist es nur eine Frage der Zeit, bis Sie auf Ideen für eine größere und längere Tour kommen. Suchen Sie gemeinsam nach ansprechenden Routen – mit Sehenswürdigkeiten am Weg und Orten zum Verweilen. Es gibt viele gut erschlossene Radwege, einige Tipps dazu finden Sie zum Beispiel auf der Website des ADFC, Adresse siehe Seite 156. Bauen Sie je nach Alter Ihres Kindes auch immer wieder kleine Wettkämpfe ein: Wer ist zuerst bei dem blauen Haus? Wichtig ist, dass Ihre Fahrräder für eine mehrtägige Tour geeignet sind, was Verkehrssicherheit und Ergonomie betrifft. Lassen Sie sich in der Fahrradwerkstatt beraten.

Campingurlaub

Wenn Ihr Kind schon mehrere Zelt-Übernachtungen im Garten oder bei Freunden hinter sich hat und »luftmatratzenfest« ist, können Sie auch hier weiter denken. Für den Anfang tun es schon ein paar Tage auf dem heimischen Campingplatz: Dabei kann man prima »Touristen spielen« – vielleicht machen Sie sogar bei einer Stadtführung mit und ENTDECKEN DIE VERTRAUTE UMGEBUNG NEU. Später geht's hinaus in die weite Welt. Einfach herrlich: Morgens in der Campingplatzklause frühstücken, unter der großen Dusche wach werden, im Freien das Geschirr spülen, Spaghetti kochen auf dem Campingkocher, Karten spielen, die Seele baumeln lassen, Menschen aus anderen Gegenden treffen … Siehe auch: Boot fahren und Angeln (Seite 90).

Gemeinsam eine Stadt entdecken

Vielleicht findet Ihr Kind den Eiffelturm toll oder ist fasziniert von den Wasserstraßen in Venedig. Oder es möchte einfach mal die Hauptstadt seines Landes kennenlernen. Lassen Sie sich auf das Abenteuer ein und entdecken Sie zusammen mit Ihrem Kind eine Stadt! Planen Sie das Abenteuer gemeinsam, damit jeder auf seine

3

Kosten kommt: Sie wollen in den LOUVRE, Ihr Kind nach DISNEY-LAND? Dann machen Sie doch beides – Begeisterung steckt an!

Weitwandern

Wenn Sie und Ihr Kind gerne wandern, wird es sicher irgendwann sagen: »Papa, ich möchte mit dir einmal so richtig lang wandern.« Es muss ja NICHT GLEICH DER JAKOBSWEG sein! Fast überall gibt es schöne Wanderrouten. Für viele Gegenden gibt es Bücher zum Thema Wandern mit Kindern – ein paar Tipps finden Sie auf Seite 156. Überfordern Sie sich und vor allem Ihr Kind nicht; greifen Sie auf Erfahrungswerte Ihrer Tageswanderungen zurück (siehe Wandern, Seite 87). Buchen Sie die Übernachtungen vorher und planen Sie auch Schlechtwetter mit ein sowie einen beziehungsweise mehrere Pausen-tage. Eine Faustregel lautet: Am dritten Tag etwas langsamer machen!

Auf Segeltörn

Wenn Ihr Kind bereits Segelerfahrung hat und Sie einen Segelschein besitzen, wagen Sie sich doch mal mit einem gecharterten Boot aufs Meer hinaus. Oder Sie nehmen an einer Segelreise mit Skipper teil – der kennt auch die besten Lokale und Ankermöglichkeiten. Wenn Sie nicht sicher sind, dass Ihr Kind nicht seekrank wird, sollten Sie eine Route mit vielen Häfen wählen. WASSERRATTEN, die es gemächli-cher mögen, können auch ein Hausboot auf dem Fluss mieten oder an einer Kanuwanderung teilnehmen. Adressen finden Sie auf Seite 156. Auf allen Gewässern wichtig: die Schwimmweste für Ihr Kind! Heißer Tipp zum Vorlesen auf dem Boot: »Der Wind in den Weiden« von Kenneth Grahame (siehe Buchtipp Seite 155).

Mit Pferd und Wagen

Eine oder zwei Wochen im gemütlichen, geräumigen Planwagen mit einem verlässlichen Pferd in einer schönen Landschaft unterwegs sein,

die Seele baumeln lassen, anhalten, wo man möchte – das hört sich
TRAUMHAFT an und ist es auch. Verschiedene Anbieter im In- und
Ausland machen es möglich, und das zu recht erschwinglichen Kosten
(Adressen siehe Seite 156). Im Preis inbegriffen ist eine fundierte Anleitung zum Umgang mit Pferd und Wagen sowie ein schön ausge-
stattetes Gefährt mit Betten, Tisch und oft sogar einer kleinen Küche.
Vater und Kind haben bei einer solchen Reise viel Zeit zum Plaudern, Lesen, Musikmachen, Spielen oder um einfach mal nichts zu tun, nur
dem Klappern der Hufe zu lauschen. Bei gemächlichem Reisetempo
lassen sich tolle Entdeckungen am Wegesrand machen. Außerdem
lernt Ihr Kind, sich um ein GROSSES TIER zu kümmern: ein Kick
für Selbstvertrauen und Verantwortungsbewusstsein!

Auf Fanreise

Sie und Ihr Kind sind Fußballfans? Mit viel Glück bekommen Sie eine
der begehrten Karten für ein Weltmeisterschafts-, Europameister-
schafts- oder Champions-League-Spiel. Oder auch ein Ligaspiel mit
Hotelübernachtung, wenn der Lieblingsclub Ihres Kindes in einer
anderen Stadt ist. Bei dieser Reise steuert alles auf den absoluten
Höhepunkt zu, der natürlich mit HOFFEN, BANGEN und großer
Aufregung erwartet wird. Dazu gehören der Fotoapparat, Trikots,
Fähnchen und das eine oder andere kleine Souvenir aus dem Stadion.

TIPP

Reisealbum

Sammeln Sie auf der Reise alle Kleinigkeiten (Postkarten, Eintrittskarten, Restau-
rantquittungen ...) und kleben sie, zusammen mit den Fotos, gemeinsam in ein
festes Buch mit leeren Blättern. Schreiben Sie dazu, was wo wann geschah.

Spielen:
Heut Nachmittag
hat Papa Zeit!

→ Wahrscheinlich haben Sie schon im ersten Jahr Ihr Kind zum spielerischen Entdecken angeregt: »Spür einmal den Sand in deiner Hand, wie warm er ist ...« Sie haben Ihr Kind hochgehoben, getragen, in den Armen gewiegt. Es hat Ihren Körper gespürt und seinen eigenen erlebt. Aus den einfachen Spielen der ersten Monate und Jahre entwickeln sich nun immer weitere Bewegungsspiele.

Klettern, spielen,
rennen, raufen ...

Väter machen intuitiv fast jeden Kontakt mit ihrem Kind zu einem Spiel. Erinnern Sie sich, wie Sie Ihr Kind, als es noch ein Baby war, hochgehoben haben, als wollten Sie es der ganzen Welt zeigen? Väter lieben motorische Spiele, toben mit dem Kind herum, balgen sich mit ihm, spielen mit ihm Ball, klettern mit ihm auf Bäume, laufen um die Wette und bringen ihm die ersten Sportarten nahe. Dadurch ermutigen sie ihr Kind zu Risiko und Abenteuer, vermitteln aber auch die Regeln und Grenzen, die es dabei zu beachten gilt.

4

Geben Sie Ihrem Kind Spiel-Raum

→ Finden Sie heraus, wo das Interesse Ihres Kindes liegt: »Ah, da sind die Bausteine. Alles klar.« Folgen Sie ihm. »Natürlich, Wuffi und Co., du willst mit den Stofftieren spielen.« Hören Sie ihm genau zu.

→ Fordern Sie Ihr Kind heraus, ohne es zu überfordern. Zeigen Sie ihm zum Beispiel die neuen Fingerfarben und was man damit machen kann. Vielleicht sind sie ihm anfangs noch nicht geheuer, aber wahrscheinlich will es sie kurze Zeit später doch ausprobieren. Wenn Ihr Kind sich bei einem Spiel verkrampft, das Interesse verliert, abzulenken beginnt oder lustlos wird, akzeptieren Sie seine Grenzen.

→ Loben Sie Ihr Kind auch für kleine Erfolge, statt es für seine Ängstlichkeit oder seine Misserfolge zu kritisieren oder gar zu bestrafen. Mit POSITIVEN RÜCKMELDUNGEN erreichen Sie viel mehr.

→ Wecken Sie das Interesse und die Neugier Ihres Kindes, und entfachen Sie seinen Mut. So regen Sie es zu neuen Entwicklungsschritten an.

→ Gehen Sie auf die Spielideen Ihres Kindes ein, statt unbedingt Ihre eigenen Ideen durchsetzen zu wollen.

Die Sprache des Kindes ist das Spiel.

[Hans Zulliger | *Schweizer Lehrer und Kinderanalytiker (1893–1965)*]

Wenn Sie auf diese Weise mit Ihrem Kind spielen, tragen Sie auch dazu bei, dass es sich schrittweise immer mehr zutraut. Es fühlt sich von Ihnen als Vater auf seinem Weg ins Leben gefördert, geschätzt und beschützt. Ihre Vater-Kind-(Ver-)Bindung wird durch das gemeinsame Spielen immer stärker und lebendiger. Beim Spielen vermitteln Sie Ihrem Kind Ihre Zuneigung.

Vielleicht haben Sie das Gefühl, dass Ihre Vater-Kind-Bindung noch nicht so intensiv ist. DANN IST EBEN AB JETZT IHR EINSATZ GEFRAGT! Einige Väter können mit Babys und Kleinkindern noch nicht so viel anfangen. Das ist auch gar nicht schlimm – es ist nicht zu spät. Auch wenn die erste Zeit mit Ihrem Kind nicht so gut lief und Ihre Verbindung sich noch etwas zögerlich entwickelt: Durch das gemeinsame Spiel können Sie eine verbindende Brücke zu Ihrem Kind bauen und den Weg ebnen für viele gemeinsame Aktivitäten, ob wild oder ruhig, ob in der Freizeit oder später auch in der Schule.

Heinrich, der Vater des dreijährigen Jan, erzählt: »Als Jan noch ein Baby war, und auch in den ersten beiden Lebensjahren, habe ich ehrlich gesagt nicht so recht gewusst, was ich mit ihm anfangen soll. Irgendwann hab ich ihn dann einfach mal in den Arm genommen, und da wollte er plötzlich mit mir raufen. Mein erster Gedanke war: ›Aua, wieso boxt mich dieses blöde Kind jetzt?‹ Doch dann hat es in mir klick gemacht. ›Der will ja mit mir Kräfte messen! Das kann er haben …‹ Ich glaube, wir haben dann fast eine halbe Stunde auf dem Teppich im Wohnzimmer herumgebalgt. Jan war ganz schön fertig, aber glücklich. Ich auch. Meine Frau war völlig von den Socken, als wir hinterher ganz einträchtig und ausgelassen zum Essen kamen.«

Körperbetonte
und motorische Spiele

Ab dem dritten Lebensjahr entwickeln sich die Muskeln Ihres Kindes so, dass seine motorischen Fähigkeiten sprunghaft anwachsen. Durch Ihr körperbetontes Spiel und indem Sie die motorischen Fähigkeiten Ihres Kindes anspornen, bringen Sie ihm einen kontrollierten Umgang MIT SEINEN KRÄFTEN UND MIT AGGRESSION bei. Aus dem Drücken, Halten, Hochheben und In-die-Luft-Werfen werden spielerische Raufereien und ein erstes Kräftemessen. Mit drei, vier Jahren erleben Kinder, wie ihre Muskelkraft rasant zunimmt und wie ihnen plötzlich komplizierte Sachen gelingen, etwa einen Ball zu werfen und zu fangen. Dabei wollen sie auch die Grenzen ihrer Kraft erproben.

4

INFO

Raufereien – hart, aber fair

Irgendwann beginnt Ihr Kind seine Kräfte mit Ihnen zu messen. Das gilt vor allem für Jungen – wenn auch in so manchem Mädchen eine kleine Raubkatze steckt. Jungen haben in der Regel einen größeren Bewegungsdrang, sind unruhiger, zappeliger und forscher. Das liegt zum einen an Hormonen und Veranlagung, zum anderen aber wird Mädchen oft nicht so viel zugetraut und erlaubt!

Beim Raufen muss es feste Regeln geben: Stärker sein ist erlaubt, wehtun ist verboten! Keine Schläge ins Gesicht, kein Kratzen und kein Beißen – das ist Ehrensache. Wer »Aufhören!« oder auch ein fest vereinbartes Codewort ruft, wird sofort in Ruhe gelassen. Auf Gegenstände, Geschwister und Haustiere muss auch beim wildesten Raufen geachtet werden!

»Action, Papa!«

Schon Ihr Baby und Kleinkind liebt es, wenn Sie es über Ihren Kopf hochhalten, wenn Sie es beim Wandern oder in einer Menschenmenge Huckepack nehmen oder wenn Sie wild mit ihm herumtoben. Viele Kinder wollen auch bald einmal mit ihrem Papa Kräfte messen.

Ringkampf

Vielleicht fordert Ihr Kind Sie immer wieder zu kleinen Ringkämpfen auf. Gehen Sie nach Möglichkeit darauf ein. Sieger kann sein, wem es als Erstem gelingt, den anderen in den Schwitzkasten zu nehmen oder auf den Rücken zu drehen; auch Mädchen mögen das gelegentlich. Oft entstehen aus dem Ringen Spiele wie Wettrennen oder Verstecken.

Sie als Vater müssen der Stärkere sein. Sie sind ja auch viel größer – wenn Sie den Unterlegenen spielen, ist das nicht sehr glaubwürdig. Durch Ihre Stärke erfährt Ihr Kind sichere Grenzen, ES KANN SICH AUF IHRE KRÄFTE VERLASSEN. Trotzdem darf es Sie zwischendurch schon mal in den Schwitzkasten nehmen oder »aufs Kreuz legen«.

Wichtig dabei ist, dass der Spaß im Vordergrund steht. Bleiben Sie aufmerksam für Ihr Kind. So merken Sie rechtzeitig, wann es genug hat und nicht mehr mag. Hören Sie dann sofort auf, sonst kann Ihre körperliche Überlegenheit schnell bedrohlich auf Ihr Kind wirken, und es verliert die Lust an der Auseinandersetzung mit Ihnen.

Armdrücken

Eine zünftige Kraftprobe: Setzen Sie sich an einem stabilen Tisch einander gegenüber. Nun stützen beide Mitspieler den rechten Ellbogen mit senkrecht angewinkeltem Unterarm auf den Tisch und legen die rechten Hände ineinander. Das Ziel ist es, den Unterarm beziehungsweise die Hand des Gegners mit dem Handrücken bis auf die Tischplatte herunterzudrücken.

Natürlich sind Sie (zumindest bis Ihr Kind in die Pubertät kommt …) der Stärkere. Es geht aber auch gar nicht darum, dass Ihr Kind wirklich Ihren kleinen Zweikampf gewinnen kann – sondern darum, dass Sie sich jedes Jahr etwas mehr anstrengen müssen. Der erste kleine Triumph Ihres Kindes wird sich einstellen, wenn Sie sich zumindest schon mal spürbar anstrengen müssen.

Das Papakarussell

Umfassen Sie die Arme Ihres Kindes sicher oberhalb der Handgelenke. Heben Sie es etwas hoch und drehen Sie sich um Ihre eigene Achse – erst langsam, dann allmählich schneller. Wie bei einem Kettenkarussell fliegt Ihr Kind mal höher, mal tiefer, je nachdem, wie schnell Sie sich drehen. Hören Sie auf, bevor Ihrem Kind die Schultern wehtun oder Sie einen »Drehwurm« bekommen. Für ganz mutige Kinder (mit kräftigen Papas): Fassen Sie Ihr Kind aus dem Stand an Handgelenk und Fußgelenk der gleichen Seite und lassen Ihr kleines »Flugzeug« um den verlässlichen »Tower« kreisen.

4

WICHTIG

Wild und zärtlich: Ihr Kind braucht beides

Ihr Kind braucht nicht nur den wilden körperlichen Kontakt mit Ihnen, sondern immer wieder auch Zärtlichkeit. Die gibt ihm Sicherheit und das Gefühl, dass zwischen ihm und Papa alles in Ordnung ist. Vor allem nach wilderen Aktivitäten tut Ihnen beiden eine »Versöhnungsumarmung« als Abschluss gut. Gerade Mädchen lieben dieses Kuscheln mit Papa. Achten Sie aber darauf, ob Ihrem Kind wirklich danach zumute ist: Jungen – meist so im Alter von sechs bis neun – finden es oft »total uncool«. Erkennen und respektieren Sie bitte die Grenzen Ihres Kindes!

Der Ball ist rund ...

... damit er beim Spielen die Richtung wechseln kann! Er ist unendlich vielseitig und bleibt für Ihr Kind lange, wenn nicht für immer, interessant. Bereits mit zwei Jahren lieben es viele Kinder, sich mit Mama oder Papa gegenseitig einen Ball zuzurollen. Mit drei, vier Jahren ist die Motorik Ihres Kindes so weit entwickelt, dass Sie sich gegenseitig den Ball auch zuwerfen können – zunächst sanft, später immer wilder und kämpferischer: ob man nun wie beim Völkerball darauf abzielt, die Mitspieler »abzuschießen«, oder sich an einem Stapel Dosen versucht.

Für viele Jungen und manche Mädchen führt der Umgang mit dem Ball zum Fußballspielen. Im Garten oder auch im geräumigen Keller lassen sich schnell zwei kleine Tore aufstellen, für die Wohnung eignet sich ein kleiner Softball (Vorsicht, Wohnzimmervasen in Sicherheit bringen!). Damit Ihr kleineres Kind nicht die Lust verliert, darf Ihnen ruhig ab und zu mal ein TORWARTFEHLER passieren. Toll: mit Papa den ersten »richtigen« Fußball kaufen gehen!

Ballspielen »light« mit Luftballons

Ein mit Luft gefüllter Ballon ist bereits für kleine Kinder gut geeignet, denn schon Dreijährige, die mit der Fluggeschwindigkeit eines Balles noch überfordert sind, können Ballons fangen und werfen. Besonders Mädchen lieben Luftballons oft heiß und innig. Stellen Sie doch mal den Vater-Kind-Rekord auf: Wie oft schaffen Sie es, den Ballon hin- und herzuschubsen, ohne dass er am Boden aufkommt? Dabei können Sie später außerdem mit Ihrem Kind das Zählen üben.

Die zwei Musketiere

Die meisten Kinder, überraschend oft auch die Mädchen, spielen gern Ritter oder Pirat. Da haben Sie als Vater einen großen Stein im Brett, wenn Sie Ihr Kind in die Kunst des Schwertkampfs einführen.

Im Spielzeugladen gibt es »silberne« Schwerter, die einiges aushalten. Auch Batacas aus Schaumstoff eignen sich hervorragend; eine Bezugs- quelle finden Sie auf Seite 156. Beim Schwertkampf ganz wichtig: Aufmerksamkeit und Disziplin! Legen Sie gemeinsam klare Regeln fest, damit es nicht zu Verletzungen kommt. Sie als Erwachsener müssen dabei die Akzente setzen, um Gefahren zu vermeiden.

Stellen Sie sich einander gegenüber auf, so weit voneinander entfernt, dass sich die Schwerter gerade noch berühren. Auf »Los« versuchen beide, mit dem Schwert einen leichten Treffer beim anderen zu landen (der Kopf ist tabu, die Arme gelten nicht!). Die Berührungen dürfen nie so hart sein, dass es dem anderen wehtun könnte oder die Schwerter kaputtgehen. DIE INTENSITÄT MÜSSEN SIE STEUERN: »Nicht so fest!« – »So ist es gut!« Sieger ist, wer zuerst fünf Treffer landet. Gönnen Sie Ihrem Kind immer mal ein Erfolgserlebnis, damit es nicht den Spaß verliert.

Verhält sich Ihr Kind beim Schwertkampf einmal sehr impulsiv oder besonders wild, sprechen Sie drei Verwarnungen aus. Bei der dritten wird die Auseinandersetzung für diesen Tag beendet, die Schwerter werden durch einen Ball oder etwas anderes ersetzt.

Deckenkutsche

Decken sind ein Renner. Beim Kuscheln machen sie schön warm. Schnell werden sie zum Schlitten, den Papa durchs Zimmer zieht: langsam und schnell, gleichmäßig und ruckartig, geradeaus und kurvig – das schult den Gleichgewichtssinn und verfeinert das Kör- pergefühl. VIELE KINDER LIEBEN TEMPO: »Schneller, schneller« – ein Fitnessstudio brauchen Sie nicht mehr. Ihr Kind sollte sich so auf die Decke legen, dass es ganz darauf liegt und sein Kopf zu Ihnen schaut. Wenn Mama gerade beide Hände frei hat, können Sie die Decke jeweils an zwei Ecken fassen und Ihr Kind darin herumschau- keln – gemütlich oder wild, ganz nach seiner Stimmung.

Postpaket

Ihr Kind hat schon begriffen, was es mit der Post auf sich hat? Dann will es bestimmt auch mal selbst »verschickt« werden. Nehmen Sie als Packpapier eine weiche, leichte Decke, in die Sie Ihr Kind einpacken. Dann tragen Sie das Päckchen zu einer imaginären Post und laden es gleich selbst in den Postwaggon (ein Sessel oder, wenn Sie draußen spielen, die Schubkarre) ein. Nach einer Reise mit viel Gewackel, Geschüttel und Lärm nimmt die Empfängerin (Mama) das wertvolle Paket freudig entgegen.

Tauziehen

Beim Tauziehen versucht jeder, mit seinem Tauende den Gegner über eine Linie zu ziehen. Vielleicht kommen Geschwister oder Freunde Ihrem Kind zu Hilfe: Wie viele Kinder »schaffen« Sie? Oder Mama steigt mit ein, um Ihnen mal ordentlich einzuheizen. Bei diesem Spiel zählt nicht nur Kraft, sondern vor allem Taktik und Balance. Mit einem kurzen Lockerlassen des Seils hat schon mancher Knirps den Vater ausgetrickst und von seinem »hohen Ross« geholt – gerade für Mädchen ein Augenblick voll schelmischen Glücks!

Immer feste drauf!

Die meisten Kinder sind Frühaufsteher – vor allem am Wochenende. Lassen Sie sich ruhig auf eine wilde Kissenschlacht im Elternbett ein! Zum Schlafen kommen Sie sowieso nicht mehr, also können Sie auch gleich was für Ihren Kreislauf tun. Eine nicht ganz so saubere Sache: sich in der warmen Jahreszeit am Flussufer oder in der Lehmgrube mit Schlamm bewerfen. Mit WASSERPISTOLEN ODER WASSER-BOMBEN aus speziellen Luftballons lässt sich der Dreck noch schön verteilen – der Spaß ist es wert. Danach verschwinden die Schlamm-monster im Badeweiher. Es sei denn, sie trauen sich, monstermäßig schlammig heimzugehen …

Kreative Spiele:
Wenn Kuscheltiere
zum Leben erwachen

Wenn Ihr Kind zwei, drei Jahre alt wird, beginnt es, seine Puppen oder Kuscheltiere miteinander ins Gespräch zu bringen. Da sagt der Teddybär zum Plüschtiger: »Du bist mein bester Freund!« Oder auch: »Du warst schon wieder an meinem Honig, lass die Finger davon!« Sehr wahrscheinlich hat Ihr Kind zwischen zwei und sechs Jahren ein Lieblingskuscheltier. Dieses hat zwei wichtige Funktionen:

→ Es hilft Ihrem Kind beim Alleinsein. Nur mit der Hilfe des Kuscheltiers kann es die Abwesenheit seiner Mutter und seines Vaters ertragen. Der kleine SPIEL- UND BETTGESELLE gibt ihm Sicherheit, dass auch die Eltern präsent sind. Es hilft ihm auf diese Weise auch, allein in seinem Bett einzuschlafen.

→ Das Kuscheltier hilft Ihrem Kind als Stellvertreter, sich mitzuteilen: »Petzi schlafen«, sagt der dreijährige David und hält dem Vater seinen Teddybären hin. Davids Vater merkt, dass seinem Sohn selbst schon die Augen zufallen, und trägt ihn liebevoll zusammen mit seinem geliebten Bären ins Bett.

Werden Sie zum LEIBWÄCHTER DES KUSCHELTIERS: Kümmern Sie sich liebevoll um den Lieblingsbären, -löwen oder -drachen Ihres Kindes und beschützen Sie ihn, wie Sie Ihr Kind beschützen. Es weiß dann, dass es sich auf Sie wirklich verlassen kann.

Für ein kleines Kind gibt es kaum eine größere Katastrophe, als sein Kuscheltier zu verlieren, denn es empfindet es als Teil von sich selbst. So ließ die dreijährige Monika in der Eile ihren geliebten Tiger mit der Samtnase in einer Pension zurück. Richtig gut schlafen konnte sie erst wieder, als nach einem Telefonat vier Tage später zu Hause ein kleines Paket ankam …

4

Sprechende Tiger, lebende Teppiche

Mit Dialogen zwischen seinen Kuscheltieren steigt Ihr Kind ins Rollenspiel ein. Mädchen beginnen damit meist früher als Jungen. Zur gleichen Zeit fängt Ihr Kind an, Gegenständen eine bestimmte Bedeutung zu geben: So kann aus dem Teppich das Meer und AUS DEM STUHL EINE INSEL werden – und schon bestehen Teddy und Tiger unter der Regie des Kindes gemeinsam Abenteuer.

Diese Fantasiephase, meist verbunden mit dem Rollenspiel, hat ihre Blütezeit, wenn Ihr Kind zwischen drei und sieben Jahren alt ist. Wenn es in dieser Zeit gute kreative Erfahrungen macht – auch mit Ihnen –, kann es sich gut entfalten. Aus dem kindlichen Spiel entwickelt sich die Kreativität Ihres Kindes. Es wird sie später unbedingt brauchen: im Beruf, beim Problemlösen im Alltag. Sie entscheiden durch Ihr Spiel mit Ihrem Kind letztlich mit, ob Ihre Tochter oder Ihr Sohn später einmal motiviert und engagiert in den Beruf geht.

Auch im kreativen Spiel unterscheiden sich übrigens Mädchen von Jungen: Während bei Jungen RITTER, COWBOYS UND INDIANER und ihre Kämpfe einen hohen Stellenwert haben, bevorzugen Mädchen ruhigere Spiele, die sich oft um die Familie drehen, besonders Barbiepuppen sind sehr beliebt. Auch wenn die »Blondies« nicht Ihr Ding sind, lassen Sie sich hin und wieder auch hier auf ein Spiel ein. Sie erfahren dabei sicher eine Menge über Ihr Kind und wie es die Welt sieht.

Das Tor zur Fantasie öffnen

Während die meisten Väter mühelos Zugang zu körperbetonten und motorischen Spielen finden und dabei begeistert mitmischen können, fällt vielen von ihnen der Einstieg ins kreative Spiel nicht so leicht. Aber auch wenn es für Sie ungewohnt ist: Lassen Sie sich auf die Fantasiewelt Ihres Kindes ein! Sie beide können nur davon profitieren.

Ihr Kind ermöglicht es Ihnen, den vielleicht etwas verschütteten Zugang zu Kreativität und Fantasie wieder zu öffnen. Viele Männer sind sehr realitätsbezogen und sagen dann: »Aber mein Kind muss doch die Wirklichkeit sehen können, der Teppich ist eben kein Meer.«

Ich kann Sie beruhigen: Ihrem Kind ist sehr wohl bewusst, dass der Teppich kein Meer ist. Aber in diesem Moment, für dieses Spiel braucht es eben ein Meer – und dafür muss der Teppich herhalten.

Ihr Kind ist im wahrsten Sinne des Wortes SCHÖPFERISCH: Das, was es braucht, erschafft es einfach selbst. Für Ihr Kind wäre es wunderbar, wenn Sie es auf der Reise durch sein Meer begleiten würden. Ihr Kind ist völlig »normal« – Sie müssten sich eher Sorgen machen, wenn es die kreative magische Phase nicht durchleben würde. Akzeptieren Sie seine magische Welt: »Das ist aber ein tolles Piratenschiff! Komm, wir gehen auf Schatzsuche« – und schon segeln Vater und Tochter auf dem Sofa davon und lassen den Alltag hinter sich.

Gerade das kreative Spiel bietet so viele Möglichkeiten, Emotionen zu teilen, gemeinsam für eine Sache FEUER UND FLAMME zu sein. Die Aufregung, wenn Sie losziehen, die Spannung, kurz bevor Sie den Piratenschatz entdecken, die Freude, wenn Sie ihn finden – natürlich verbunden mit einem großen Piraten-Freudentanz.

INFO

Unsichtbare Freunde

Kinder, die gerade die magische Phase durchleben, haben oft plötzlich einen neuen Freund – für Sie unsichtbar, für Ihr Kind aber sehr real. Ein Kumpan, mit dem man sich über alles austauschen kann. Das ist kein Grund, sich Sorgen zu machen! Wenn Ihre Tochter oder Ihr Sohn von sich aus von dem Fantasiewesen erzählt, hören Sie genau hin: Sie erfahren dabei vielleicht einiges Neue über Ihr Kind.

Kleine Welten im Kinderzimmer

Wie hoch kann ein Bauklotz-Turm werden? Während Jungen oft noch lange einfach vor sich hin bauen, nehmen Mädchen bald Figuren hinzu und beginnen daraus Rollenspiele und Geschichten zu entwickeln. Ein Spiel, das lange interessant bleibt: Aus Bauklötzen wird der Grundriss eines Hauses gelegt. Hinein kommen Möbel aus Steckspielzeug. Alle möglichen kleinen Gegenstände werden zur Einrichtung: Der Stofffetzen wird zum Teppich, die Muschel zum Waschbecken. Ihr Kind muss ZIEMLICH GUT PLANEN: »Wie viele von den länglichen Bausteinen habe ich? Wo kommen die Türen hin?« Jetzt ziehen die Bewohner ein: Plastikfiguren oder selbst gemachte Menschlein aus Wolle. Das Leben im neuen Haus nimmt seinen Lauf … bis die »Familie« in ein noch schöneres Haus umzieht. Machen Sie mit, hauchen Sie den Figuren gemeinsam mit Ihrem Kind Leben ein!

Verkleiden und Theaterspielen

Kinder lieben es, sich zu verkleiden. Dabei entstehen oftmals unterhaltsame kleine Stegreifstücke. Sie müssen nicht viel dazu beitragen – lediglich den Theaterfundus. Trennen Sie ein Stück Zimmer als Bühne mit Seilen ab, dann fällt es Ihrem Kind leichter, zwischen der Welt des Theaters und der Realität zu wechseln. Auf der Bühne ist alles erlaubt, außer jemandem wehzutun und etwas Wertvolles kaputtzumachen. Natürlich können Sie auch Märchen, Sagen und Filme nachspielen oder eine flammende Rede halten.

Richten Sie eine Verkleidungskiste ein mit allem, was sonst in der Altkleidersammlung gelandet wäre: Ihre alte Lederjacke, Schlafanzüge, Bettlaken, Tücher, Schuhe, Strumpfhosen, Kopfbedeckungen und Krawatten. Wie fühlt man sich unter Papas altem Schlapphut, unter Mamas Federhütchen? Mit der löchrigen Wollmütze? Wer eine Kopfbedeckung aufsetzt, lässt sie auf sich wirken und sagt oder tut etwas, das zur jeweiligen Persönlichkeit passen könnte.

Handpuppen sprechen lassen

Manchen Kindern fällt es leichter, sich über Handpuppen mitzuteilen. Eine Handpuppe kann außerdem so viele Dinge: fliegen, einen dreifachen Salto und vieles mehr. Es gibt wunderbare Puppen zu kaufen, auch in Tierform. Aber Sie können auch einfach eine alte Socke vorn quer aufschneiden, ein rundes, nach innen gefaltetes Stück Filz als Mund in die Öffnung kleben und Augen, Nase, Zunge, Haare aus Filz schneiden und aufkleben. Für ganz Spontane tun's sogar Butterbrottüten, auf die Sie Gesichter malen! Mehr dazu lesen Sie auf Seite 116.

Pantomime

Sicher liebt es Ihr Kind, Begriffe und Tätigkeiten pantomimisch darzustellen, die Sie erraten. Dann sind Sie an der Reihe! Wenn Ihr Kind älter ist, können auch schwierigere Begriffe oder zusammengesetzte Wörter verwendet werden. Probieren Sie auch das Spiel »Activity« in der Junior-Version aus, es funktioniert nach einem ähnlichen Prinzip.

Geschichten erfinden

Gemeinsam gesponnene Geschichten sind ein Höhepunkt im kreativen Spiel zwischen Vater und Kind. Um die Story in Gang zu bringen, können Sie sich einen Ball zuwerfen: Jeder darf erzählen, solange er den Ball hat; wenn er nicht weiterweiß oder nicht mehr mag, wirft er den Ball zurück. Beginnen Sie mit: »Es war einmal …« Je mehr Geschichten Ihr Kind bereits kennt, umso leichter erfindet es eigene.

> Die große Kunst ist, den Kindern alles, was sie tun oder lernen sollen, zum Spiel zu machen.

[John Locke | *englischer Philosoph (1632–1704)*]

Basteln und Bauen

Manche Kinder sind ganz verrückt danach, mit Papa zu basteln. Dabei entstehen Ritterrüstungen, Schwerter, Helme, Musikinstrumente, Tiermasken, fantasievolle Hüte … Material für Spiele und Theaterstücke. Toll, dass Papa für jedes Bastelproblem eine Lösung findet!

Im Bastelladen oder Baumarkt gibt es viele tolle Sachen, die man auch zweckentfremden kann. Noch dazu macht es Kindern riesig Spaß, im großen Einkaufswagen herumkutschiert zu werden.

Kritzeln, malen, zeichnen

Beim Malen schwelgt Ihr Kind in Farben. Meist erkennen Sie im »Kritzikratzi« langsam Gestalten – die Ihr Kind schon lange in seinen Malereien sieht. Hören Sie ihm genau zu, was es zum Gezeichneten erzählt. Wenn Sie wollen, malen Sie gemeinsam und geben Sie DEM ENTSTEHENDEN MEISTERWERK ein Motto. Jeder darf einen Teil malen, dann kommt der andere dran. Oder jeder malt eine Szene aus gemeinsamen Erlebnissen, der andere muss raten. Auch Papier ist eine Art Bühne, auf der alles erlaubt ist.

Erschrecken Sie nicht, wenn Ihr Kind an manchen Tagen dunkle Farben wählt: Licht und Schatten gehören zum Leben.

Meisterwerke werden selbstverständlich aufgehängt, die besten Exemplare bekommen einen Rahmen – auch ein tolles Geschenk für Oma! Suchen Sie mit Ihrem Kind im Baumarkt den Rahmen aus.

»Faltblatt« mit Überraschungseffekt

Ein Klassiker, immer wieder gut für Überraschungen: Einer malt oben auf ein Blatt Papier eine Kopfbedeckung oder Frisur und knickt das Blatt so nach hinten um, dass nur noch der Ansatz zu sehen ist. Der Nächste malt den Kopf – Mensch, Schwein, Roboter … So geht's weiter bis zu den Füßen. Zum Schluss wird mit großem Trara das Kunstwerk »enthüllt«! Geht mit zwei oder mehr Mitspielern.

Streiche aushecken

Wenn Sie Ihrem Kind von Streichen erzählen, die Sie Ihren Geschwistern, Eltern oder Lehrern gespielt haben, hört es bestimmt begeistert zu: »Echt, Papa, das hast du gemacht?« Ermutigen Sie Ihr Kind, sich eigene Streiche auszudenken – in der Fantasie ist alles erlaubt. Erklären Sie Ihrem Kind den Unterschied: »Das ist ein toller Streich, aber dein Kumpel findet ihn vielleicht nicht so lustig, weil …« Nur wenn Ihr Kind sich in der Fantasie »austoben« darf, kann es auch die Beschränkung durch die Wirklichkeit akzeptieren.

Was kochen wir heute?

Kinder sind Künstler: Sie lieben alles, was mit Sinneserfahrungen, mit Erleben und Genießen zu tun hat. Dazu gehört natürlich auch das Kochen. Nach und nach können Sie auch gemeinsam mit Ihrem Kind seine LIEBLINGSGERICHTE KOCHEN: Spaghetti, selbst gemachte Pommes frites, Pfannkuchen … Belegen Sie auch mal zusammen fertigen oder selbst gemachten Pizzateig: Aus gelben Paprikastreifen wird eine große Sonne, aus roten ein Gesicht. Kreieren Sie fürs Picknick gemeinsam Sandwiches mit Weißbrotscheiben: Stellen Sie verschiedene Zutaten bereit, sodass jeder nach Geschmack »hochstapeln« kann.

Kneten – für den Moment oder für die Ewigkeit

Mit Knete kann man sich so richtig austoben: grässliche Monster machen. Etwas formen und dann mit der Faust draufhauen. Verschiedenfarbige Knetwürste zusammendrehen und in Scheiben schneiden. Echte Meisterwerke kann man aber auch mal eine Weile ganz lassen – die gelbe Sonne mit dem Lachmund, das Feuerwehrauto mit der blauen Sirene. Wenn Ihr Kind Erfahrung mit Knete gesammelt hat, können Sie auf Ton umsteigen. Fragen Sie in einer Töpferei nach, ob dort die Kunstwerke gebrannt (und eventuell auch glasiert) werden können.

4

Spiele
mit festen Regeln

»Papa, spielen wir ›Mensch ärgere dich nicht‹?« Sehr wahrscheinlich wird auch Ihr Kind ab etwa fünf Jahren, wenn es schon ein bisschen zählen kann, die Lust an Regelspielen entdecken. Meist treten Regelspiele aber erst mit sieben, acht Jahren in den Vordergrund.

Durch Regelspiele lernt Ihr Kind:

→ zu gewinnen und zu verlieren – irgendwann auch mit Würde.

→ mit Enttäuschungen umzugehen.

→ Abmachungen einzuhalten.

→ das eigene Vorgehen zu hinterfragen.

→ aus Fehlern Konsequenzen zu ziehen.

→ Spaß am Wettkampf zu entwickeln.

→ in einem Team zu arbeiten.

→ zwischen Gegnerschaft und Feindschaft zu unterscheiden.

»Mensch ärgere dich nicht«, »Halma«, vielleicht auch »Mühle«, »Dame« und »Schwarzer Peter«, »Mau-Mau« (heute auch in der Version »Uno« bekannt), Quartette und vieles mehr mögen Kinder. Den Einstieg finden viele über das sehr einfache »Leiterspiel«.

Fragen Sie Ihr Kind oder andere Väter, welche Regelspiele gerade angesagt sind. Im Spielzeuggeschäft berät man Sie ebenfalls gern. Sehr schöne Spielemagazine mit zahlreichen Spielmöglichkeiten und vielen Zubehörteilen bekommen Sie schon ab 15 Euro. Erklären Sie Ihrem Kind die Regeln oder machen Sie sich gemeinsam damit vertraut. Spielen Sie am besten ein, zwei Proberunden, die »nicht gelten«.

Wählen Sie vor allem Spiele aus, bei denen Sie und Ihr Kind gemeinsam lachen können. Wenn es in Ihrer Familie gelingt, eine gemeinsame Spielkultur aufzubauen, trägt diese auch später noch, wenn es schwierig wird, zum Beispiel in der Pubertät.

Verlieren lernen ist schwer

Die meisten Kinder kommen mit dem Verlieren erst ab fünf Jahren halbwegs klar. Wenn Ihr Kind verliert, triumphieren Sie nicht, sondern trösten Sie es! Gehen Sie mit gutem Beispiel voran: Verlieren Sie mit Würde. Ihr Kind darf SEINEM ÄRGER LUFT MACHEN, aber nicht ausrasten. So manche Spielfigur verschwand schon auf Nimmerwiedersehen, weil das Spielbrett im Zorn vom Tisch gefegt wurde … Stoppen Sie Ihr Kind durch wenige, entschiedene Worte, halten Sie es an den Händen fest und schauen ihm tief in die Augen. Verschieben Sie notfalls das Spielen. Mehr dazu lesen Sie auf Seite 65.

Wenn Ihr Kind nicht gut verlieren kann, räumen Sie ihm zu Beginn einen kleinen Vorteil ein. Zum Beispiel darf es beim »Mensch ärgere dich nicht« gleich beginnen, ohne erst eine Sechs zu würfeln. Mit Absicht gewinnen lassen sollten Sie es aber nicht. Oder Sie bevorzugen zunächst Spiele, bei denen es seine Fähigkeiten zum Einsatz bringen kann, etwa »Mikado«, oder bei denen es ebenso gewinnen kann wie Sie, zum Beispiel »Uno«. Wunderbar geeignet ist auch »Memory«, bei dem Kinder sogar oft im Vorteil sind. Außerdem ganz wichtig: Stärken Sie im Alltag das Selbstbewusstsein Ihres Kindes, indem Sie es loben und sich ihm offen zuwenden (siehe Seite 59 und 63).

TIPP

Hör-Memory

In etwa 20 leere, gleich aussehende Döschen, etwa von Überraschungseiern, geben Sie unterschiedliche Materialien: Erbsen, Kies, Murmeln … In jeweils zwei Dosen kommt das Gleiche. Durch kurzes Schütteln wird der Inhalt zugeordnet.

Sport
und Bewegung:
Flanke, Papa, Tooooor!

→ Sie leisten einen großen Beitrag zur Gesund-
heit Ihres Kindes, wenn Sie mit ihm aktiv
Sport treiben oder sich dafür engagieren,
dass es einen Sport ausüben kann. Dabei
lernt Ihr Kind seinen Körper und sich selbst
besser kennen. Es entwickelt seine motorischen Fähigkeiten weiter, kräftigt seine
Muskeln, trainiert Kreislauf und Atmung und
lernt körperliche Belastungen zu ertragen.

Von spielerischer
Bewegung zum Sport

Auch Sport ist zum großen Teil Vatersache, das bestätigen viele
Mütter: »Alles, was Sport ist, hat unseren Kindern der Papa beige-
bracht. Von Skifahren über Eislaufen, Schwimmen, Radfahren bis
zum Rollerskaten. Natürlich haben wir dann vieles auch gemeinsam
gemacht, aber gelernt haben sie es von ihrem Vater.« Wahrscheinlich
sporteln Sie schon mit Ihrem Kind, bevor Sie es richtig merken. Die
ersten Formen sportlicher Betätigung entwickeln Vater und Kind aus
dem gemeinsamen Spiel. So sind für viele Kinder spielerische körper-
betonte Auseinandersetzungen und motorische Spiele (ab Seite 102)
Vorläufer von Sportarten wie Judo, Fußball, Volleyball oder Tennis.

Die Folgen von Bewegungsmangel

Mehr Bewegung ist sehr wichtig in einer Zeit, in der bei uns fast jedes
zweite Kind zu schwer ist; die Hälfte davon, also jedes vierte Kind, ist
sogar stark übergewichtig. Die Bewegungsfähigkeit von Kindern
nimmt überdies stark ab: So können viele Kinder im Kindergartenalter kaum BÄLLE GEZIELT WERFEN oder fangen, auf einem Bein
stehen oder auf einem Mäuerchen balancieren. Jeder zweite Sechsjährige schafft KEINEN PURZELBAUM. Bereits Grundschüler
leiden an Verkürzung der Sehnen und Bänder aufgrund mangelnder
Bewegung. Jedes fünfte Kind klagt über Rückenschmerzen. Eine gute
Möglichkeit, Ihrem Kind im Alltag immer bei Bedarf etwas Bewegung
zu verschaffen: Schenken Sie ihm ein Mini-Trampolin (Buchtipp/
Bezugsadresse siehe Seite 156). Darauf kann es seinen Körper spüren,
seine Muskeln trainieren und Dampf ablassen. Außerdem kann es mit
etwas Übung tolle Sprünge und Kunststückchen üben.

5

Sport und Persönlichkeitsentwicklung

Lernen und Bewegung gehören zusammen: Meist sind sportliche Kinder auch besser in der Schule, weil durch Bewegung neue Nervenverbindungen im Gehirn entstehen und bewährte Verbindungen gefestigt werden – und so auch das Lernen allgemein leichter wird.

Sport fördert auch die SOZIALE KOMPETENZ Ihres Kindes und hilft ihm, seine Persönlichkeit zu entwickeln:

→ Teamsportarten fördern die Gruppenfähigkeit Ihres Kindes.

→ Ihr Kind lernt zu gewinnen und – vielleicht noch wichtiger – mit Würde zu verlieren. Es bekommt einen Eindruck, was fair ist, und kann dieses Prinzip auf alle anderen Lebensbereiche übertragen.

→ Der Konkurrenzkampf wird im Sport kanalisiert und klaren Regeln unterworfen: Im Wettkampf kann auch der beste Freund ein Gegner sein, ohne dass die Freundschaft darunter leiden muss.

→ Sportliche Erfolge verlangen ein kontinuierliches Training. Ihr Kind entwickelt dabei Disziplin und vor allem Selbstdisziplin.

→ Sport setzt EMOTIONEN frei. Ihr Kind kann sich über ein geschossenes Tor, einen gelungenen Salto und vieles mehr freuen.

→ Durch Sport erfährt Ihr Kind Rückmeldung und Bestätigung für seine Leistungen, es bekommt ein Gefühl für seine Leistungsfähigkeit.

→ Sport dient auch zum Spannungsabbau – gerade Aggressionen können durch Sport in positive Energie umgewandelt werden.

Fußball oder Jazzdance?

Wenn Ihr Kind gerne mit Ihnen rauft und rangelt, ist vielleicht Judo oder Wing Tsun das Richtige, wenn es sich gerne nach Musik bewegt, können Sie ihm Tanzen vorschlagen – die Hauptsache ist, dass Ihr Kind Spaß dabei hat. Deshalb sollte es sich seine Sportart letztlich unbedingt selbst aussuchen dürfen.

Wenn Sie selbst Sport treiben, können Sie Ihr Kind ja einfach einmal mitnehmen – zum Joggen, Rudern, Volleyballspielen ... vielleicht sagt Ihr Sport auch ihm zu. Gerade Jungen wollen hier oft IN DIE FUSS-STAPFEN IHRES VATERS treten. Seien Sie aber nicht enttäuscht, wenn Ihr Kind sich für eine ganz andere Sportart entscheidet.

Über Freunde und Bekannte, deren Kinder Sport treiben, kommen Sie gut an Informationen über passende Angebote. Außerdem gibt es bei fast allen Anbietern, ob Verein, Volkshochschule oder private Veranstalter, die Möglichkeit, ins Training »hineinzuschnuppern«.

Fast alle größeren Fußballvereine haben mehrtägige, oft kostengünstige Camps im Programm, bei denen die Kinder von professionellen Trainern betreut werden. Viele Kinderbetreuungseinrichtungen bieten in den Schulferien für Kinder Wochencamps für bestimmte Sportarten an; Ihr Kind hat dann die Möglichkeit, sich intensiv mit dem favorisierten Sport auseinanderzusetzen, sei es Fußball, Bergsteigen, Windsurfen, Segeln, Kanufahren, Tennisspielen oder etwas anderes.

5

Abwechslung hält fit

Kinder wechseln gerne öfter mal die Sportart. Das ist auch in Ordnung so. Ihr Kind sollte sich ohnehin nicht zu früh auf eine einzige Sportart spezialisieren, weil sonst die Gefahr besteht, dass einseitige Bewegungsabläufe seine körperliche Entwicklung beeinträchtigen. Will Ihr Kind zum Beispiel intensiv Tennis spielen, achten Sie auf eine gute Ausgleichsgymnastik und zusätzlich einen gelenkschonenden Ausdauersport wie Radfahren oder Schwimmen. In fast allen Sportarten werden außerdem Kurse angeboten, die sich bereits für Sechsjährige eignen und in denen auf ihre Bedürfnisse Rücksicht genommen wird.

Kraftsportarten wie Gewichtheben und Bodybuilding sind für Kinder und Jugendliche übrigens nicht geeignet, weil sie zu Fehlhaltungen und Skelettfehlbildungen führen können.

Nur aufgrund von spontanen Unlustgefühlen sollte Ihr Kind aber nicht
die Sportart wechseln: Es gibt auch hier immer wieder GUTE UND
SCHLECHTE ZEITEN. Lernt Ihr Kind, solche Phasen durchzustehen,
stärkt es damit auch sein Durchhaltevermögen »im richtigen Leben«.
Wenn es plötzlich vom Basketball zum Rudern wechseln möchte, sollten
Sie auch immer hinterfragen, was dahintersteckt. Vielleicht arbeitet
der Trainer gerade intensiv an bestimmten Techniken – im Sport sehr
oft ein Grund, warum man erst einmal scheinbar schlechter wird.
Oder Ihr Kind hat Ärger mit anderen Kindern aus der Gruppe.
Besprechen Sie diese Dinge mit Ihrer Tochter oder Ihrem Sohn!
So können Sie Ihr Kind dabei unterstützten, durchzuhalten:

→ Vereinbaren Sie gemeinsam eine Probezeit, nach der es sich definitiv
für oder gegen eine Sportart entscheidet.

→ Erinnern Sie Ihr Kind an die Trainingszeiten und bestehen Sie darauf,
dass es zum Training geht – falls es nicht krank, sondern nur lustlos
ist. Erfahrungsgemäß sind Kinder nach dem Training stets froh, dass
sie (doch noch) hingegangen sind. Schließen Sie, ruhig auch schrift-
lich, einen »Vertrag«, in dem Ihr Kind sich für die Saison für eine
Sportart mit allen Trainingseinheiten und Wettkämpfen festlegt.

TIPP

Passt der Sport Ihres Kindes in den Familienalltag?

→ Kann Ihr Kind selbstständig zum Training kommen, oder müssen Sie es
hinbringen und wieder abholen? Können Sie dies zeitlich einrichten und auch zu
den Wettkämpfen Ihres Kindes kommen (siehe Seite 127)?

→ Wie viel Geld können Sie in die Aktivitäten Ihres Kindes investieren? Planen Sie
auch die Ausrüstung mit ein. Einige Sportarten sind sehr kostspielig, etwa Reiten
oder Eishockey. Zum Ausprobieren können Sie die Ausrüstung auch ausleihen.

Ball oder Ballettschuh? Eine Auswahl geeigneter Sportarten

Hier eine Übersicht über beliebte Sportarten, die schon Kindern Spaß machen. Bei fast allen können Sie auch aktiv mitmachen: bei einem kleinen Match mit Ihrem Kind, bei gemeinsamen Radausflügen, beim Schwimmbadbesuch und so weiter.

Ballsport

Fußball, Volleyball, Basketball, Wasserball, Handball, Tennis oder Tischtennis und andere Ballsportarten sind die Klassiker unter den Teamsportarten, auch für Einsteiger. Diese Spiele trainieren in unterschiedlicher Ausprägung ihre Koordination, Schnelligkeit, Ausdauer und Kraft. Wie bei allen Mannschaftssportarten sind Fairness, Teamfähigkeit und Rücksichtnahme sehr wichtig. Da der Wettkampf im Vordergrund steht, werden Sie viele Gelegenheiten haben, Ihr Kind anzufeuern!

Inlineskaten

Auf den schicken Rollern entwickeln viele Kinder schnell beachtliche Sicherheit; sie trainieren dabei Gleichgewicht, Ausdauer, Schnelligkeit, Geschicklichkeit und Kraft. Wichtig sind gut passende Skates. Lassen Sie sich im Fachhandel beraten; Ihr Kind sollte mehrere Modelle an- und ausprobieren können. Bevor Sie zusammen loslegen, müssen Sie DIE RICHTIGE BREMSTECHNIK erlernen! Belegen Sie doch gemeinsam bei der Volkshochschule oder einem anderen Anbieter einen Kurs – oder Sie bringen Ihrem Kind das Bremsen selbst bei, falls Sie es wirklich sicher beherrschen. Dann können Sie bald gemeinsam eine flotte Abendrunde drehen. Übrigens: Auf Wegen, die eine Spur für Fußgänger und eine für Radfahrer haben, müssen Sie als Skater die Fußgängerspur benutzen.

5

Kampfsport

Bei allen Kampfsportarten, sei es Judo, Wing Tsun, Aikido oder eine andere Form, ist die dahinter stehende Philosophie ein wichtiger Aspekt beim Training. Ihr Kind übt dabei sein Gleichgewicht, seine Reaktionsfähigkeit, Ausdauer, Schnelligkeit und Beweglichkeit. Die ungewohnten Bewegungsabläufe geben seinem Gehirn neue Lernimpulse. Außerdem lernt es viel über den Umgang mit Aggressionen, über Respekt und Achtung vor dem Gegner und über Fairness. Kostengünstiger als spezialisierte Zentren sind oft Sportvereine, die auch Kampfsportarten im Angebot haben.

Tanzen

Tanzen lernen macht Kindern nicht nur Spaß, sondern schult auch das Körpergefühl, regt die Sinne an und fördert die sozialen Kompetenzen. Sich beim Tanzen zur Musik zu bewegen kann für Kinder eine besonders schöne Art sein, den eigenen Körper kennenzulernen. Bei Fehlhaltungen kann ein Tanzkurs für Ihr Kind Gold wert sein! Welche Form des Tanzens Ihrem Kind zusagt, hängt von seinem MUSIK-GESCHMACK UND TEMPERAMENT ab: Liebt es klassische Musik, ist vielleicht Ballett das Richtige. Mag es eher fetzige Popsongs, ist zum Beispiel Hip-Hop oder Jazzdance angesagt. Bewegt sich Ihr Kind vorsichtig und zögerlich, könnte der kreative, freie Tanz das Passende sein. Braucht es die Möglichkeit, sich austoben zu können, kommt Breakdance oder Rock'n'Roll in Frage. Schauen Sie gemeinsam mit Ihrem Kind eine Tanzstunde beim favorisierten Anbieter an. Noch ein schöner Filmtipp für Papa und Kind, besonders, wenn es sich um einen Jungen handelt: »Billy Elliott – I will dance«.

Leichtathletik

Ausdauer, Koordination, Kraft, Schnelligkeit, Beweglichkeit, Beharrlichkeit und Ausdauer: All das fördert das leichathletische Training.

TIPP

»Papa – mein größter Fan!«

»Wenn sein Vater zuschaut, geht Paul ab wie eine Rakete«, sagt der Fußballtrainer. Kein Wunder, denn der väterliche Stolz ist der Turbo für die Leistungsfähigkeit des Kindes. Wenn Sie stolz auf Ihr Kind sind und es dies spüren lassen, geht es selbstbewusst in die Welt hinaus. Feuern Sie es an. Klopfen Sie ihm freundschaftlich auf die Schulter. Loben Sie es, auch vor anderen. Sagen Sie ihm, dass es super war. Wenn Sie eine Weiterentwicklung bemerken, sagen Sie ihm dies ebenfalls. Bleiben Sie aber fair: »Wenn Papa beim Aufschlag meines Gegners ruft: ›Leo, den hast du‹, ist mir das irgendwie peinlich«, sagt der Achtjährige.

Kinder können hier vielfältige, variantenreiche Bewegungserfahrungen machen und sich dabei in vielen unterschiedlichen Disziplinen erproben. Der Spaß an der Bewegung in der Gruppe steht im Vordergrund. Mit der Kinderleichtathletik kann Ihr Kind seine Wunschdisziplin finden und sich auf das Training dafür vorbereiten. Auch bei Leichtathletik-Wettkämpfen wieder wichtig: Seien Sie der größte Fan Ihres Kindes! Hilfreiche Adressen finden Sie auf Seite 156.

Radfahren

Radfahren trainiert Gleichgewicht und Ausdauer und fördert beim Fahren in der Gruppe die Integrationsfähigkeit. Dreirad, Tretroller, Laufrad sind die hilfreichen Vorläufer des ersten »richtigen« Fahrrads. Zwischen vier und sechs Jahren lernen die meisten Kinder Radfahren – oft mithilfe von Geschwistern oder ihrem Papa, die anfangs noch halten, schieben … und irgendwann loslassen. Kinder sollten möglichst ohne Stützräder das Radfahren lernen – aber immer mit Helm!

Erst mit etwa acht Jahren können Kinder sich gleichzeitig auf die Anforderungen des Radfahrens und des Straßenverkehrs konzentrieren. Kinder können die Geschwindigkeit eines herannahenden Autos noch nicht so gut abschätzen wie Erwachsene. Radfahren bleibt also lange ein Sport für schöne Vater-Kind-Ausflüge – bei denen Sie sich immer nach dem Tempo Ihres Kindes richten sollten! Lassen Sie sich im Fachhandel zu einem passenden Gefährt für Ihr Kind beraten.

Schwimmen

Schwimmen schult Koordination, Ausdauer, Beweglichkeit und Kraft. Die schwerelose Bewegung im Wasser ist sehr gesund, und sie hilft Ihrem Kind Stress abzubauen. Auch korpulentere Kinder können beim Schwimmen erfolgreich sein. Bei Wasserball und Synchronschwimmen wird die Teamfähigkeit gefördert, beim Einzel-Zeitschwimmen macht Ihr Kind die Erfahrung: Das hab ich ganz allein geschafft! Voraussetzung ist ein sicheres Schwimmenlernen (ohne Schwimmflügel), entweder mit Ihnen oder in einem Schwimmkurs für Kinder.

Klettern

Klettern ist für Kinder super geeignet: Es ist spannend und bringt Erfolgserlebnisse, fördert Körpergefühl, Balance und Muskulatur. Ebenso fördert es Selbstvertrauen, soziale Kompetenzen und Verantwortungsbewusstsein – denn KAMERADEN IN DER SEILSCHAFT müssen sich aufeinander verlassen können. Kinder und Erwachsene haben gleichermaßen Spaß am Klettern, und man muss fast nirgends lange Wege zurücklegen, um zu geeigneten Orten zu gelangen.

Kinder sollten ihre ersten Klettererfahrungen unter professioneller Anleitung an einer Boulderwand und an Felsblöcken in Absprunghöhe machen. Etwa ab dem siebten Lebensjahr können Kinder auch das Klettern mit Seilsicherung erlernen. Infos erhalten Sie beim Alpenverein, Adressen siehe Seite 156.

Mit dem Kind beim Sport-Event: »Kleeblatt vor!«

»Am Dienstag gehen mein Papa und ich zum Pokalachtelfinale ins Stadion. Der Erstligaclub Stuttgart ist in Fürth zu Gast, bei meinem Club! Papa hat gesagt, im Stadion bekomme ich auch noch einen Schal mit dem Vereinslogo, das ist ein Kleeblatt.«

Wenn Sie mit Ihrem Kind ein Sport-Event besuchen, sei es Fußball, Basketball, Leichtathletik, Wrestling oder Dressurreiten, ist das eine tolle Möglichkeit, mal DEN ERZIEHERISCHEN ALLTAG HINTER SICH ZU LASSEN. Da geht es nicht um Schule, ums Aufräumen, um den Streit mit dem Nachbarskind, da stehen einfach Ihr Kind und Sie im Mittelpunkt und natürlich Ihr Lieblingsteam, das Sie beide lautstark anfeuern. Ihr Kind wird davon noch als Erwachsener schwärmen.

Vergessen Sie ruhig mal die guten Ernährungsvorsätze – beim Fußball etwa gehören Stadionwurst, Pommes und Cola unbedingt dazu!

Für große Sportveranstaltungen sollte Ihr Kind schon sechs Jahre alt sein, weil es sich sonst in der Menschenmenge schnell unwohl fühlt.

5

WICHTIG

Kleine Sportler brauchen Pausen

Ihr Kind wird auch im Sport einmal seinen eigenen Weg gehen. Sie als Vater bestimmen diesen Weg sehr stark mit. Sie sind ein wichtiges Vorbild, was Disziplin, Durchhaltevermögen, den Umgang mit Niederlagen, Fairness, Siegeswillen und Kameradschaft betrifft. Achten Sie aber darauf, dass Ihr Sohn oder Ihre Tochter Kind bleiben kann und nicht Ihre sportlichen Träume verwirklichen muss. Ihr Kind braucht immer wieder auch freie, unverplante Zeit, in der es machen kann, worauf es Lust hat – mindestens zwei Nachmittage pro Woche.

Entspannen

und gemeinsam
zur Ruhe finden

→ Ihr Kind und Sie brauchen nicht nur Action, sondern wollen auch mal runterschalten. Immer wenn Sie merken, dass einer von Ihnen beiden angespannt und unruhig ist oder sich unwohl fühlt, liegt es an Ihnen, die Situation zu beruhigen, aufzulockern und etwas Ruhe und Wohlbefinden hineinzubringen. Ihr Kind lernt dies erst noch, vor allem von Ihnen.

Wie Sie gemeinsam
in Balance kommen

Sie müssen Ihr Kind nicht rund um die Uhr beschäftigen und sich nicht ständig neue Aktivitäten für es ausdenken. Stressen Sie sich und Ihr Kind nicht. Väter überspannen manchmal den Bogen, wenn sie es besonders gut machen wollen: Zoo, Klettergarten, Fußball, Shoppen gehen … lauter tolle Sachen. Vater und Kind kommen dann oft gar nicht mehr zur Ruhe, wenn sie zusammen sind.

Aber auch die Anforderungen des Alltags können stressen: Schule, Training, Freunde, Termine, Arztbesuche … Menschen brauchen aber eine Balance zwischen ANSPANNUNG UND ENTSPANNUNG. Fehlt sie, werden wir unkonzentriert und nervös, müde und unmotiviert. Schwierige Situationen fordern uns nicht mehr heraus, unser Bestes zu geben, sondern wir reagieren hektisch und verzweifelt, bei Konflikten fahren wir allzu schnell aus der Haut, sind ungeduldig und genervt. Unser Atem wird flach und unser ganzer Körper spannt sich mehr und mehr an. Auf Dauer werden wir unglücklich.

Durchbrechen Sie den Stress-Teufelskreis! Entspannen Sie sich gemeinsam mit Ihrem Kind, dann finden Sie beide Ihre gute Laune, Ihr Wohlbefinden und Ihren Humor wieder.

So finden Sie und Ihr Kind zur Ruhe

Fast alles, was mit der Natur, mit den Elementen Erde, Wasser, Luft oder Feuer zu tun hat, entspannt Vater und Kind. Auch am Lagerfeuer sitzen und Geschichten erzählen. Am Fluss auf dem Mäuerchen hocken und ein Eis essen. Ein gemeinsames Mahl in schöner Atmosphäre bringt ebenfalls viel Ruhe in einen hektischen Tag. Und sogar Fernsehen ist ab und an eine Anti-Stress-Oase: Aneinandergekuschelt mit

6

Ihrem Kind eine Sendung anschauen, die Ihnen beiden gefällt, und dabei vielleicht etwas dösen … was könnte gemütlicher sein? Neben diesen schönen Pausen zum Atemholen im Alltag gibt es aber auch gezielte Methoden, sich gemeinsam zu entspannen. Hier einige Anregungen, weiterführende Tipps finden Sie im Anhang auf Seite 154.

Gemeinsam atmen

Der einfachste Weg zu entspannen ist das BEWUSSTE ATMEN. Wenn Sie geübter werden, sind schon zehn bewusste Atemzüge genug. Setzen oder legen Sie sich bequem hin und nehmen Sie Ihren Körper bewusst wahr. Atmen Sie zwei-, dreimal ein und aus, bis Sie ruhig und bereit für die eigentliche Atemübung sind.

Atmen Sie nun ruhig durch die Nase ein. Stellen Sie sich vor, wie der Atem tief in den Bauch strömt, dann lassen Sie ihn auch in den Brustkorb fließen. Zählen Sie in Gedanken langsam bis drei. Halten Sie kurz inne und zählen dann weiter: … vier, fünf. Atmen Sie nun aus, zählen Sie dabei ebenfalls langsam bis fünf. Nach dem Ausatmen legen Sie eine kurze Pause ein, bevor Sie wieder mit Einatmen beginnen.

Wiederholen Sie dies mehrere Male, bis Sie sich ruhig und entspannt fühlen. Leiten Sie Ihr Kind erst zu dieser Atemübung an, wenn Sie selbst sicher sind und sich dabei wohlfühlen. Dann können Sie sich bei Bedarf einfach nebeneinanderlegen und entspannt atmen …

Entspanne dich. Lass das Steuer los.
Trudle durch die Welt.
Sie ist so schön.

[Kurt Tucholsky | *deutscher Journalist und Schriftsteller (1890–1935)*]

Progressive Muskelentspannung

Diese Entspannungstechnik wurde um 1920 von dem Physiologen Edmund Jacobson erfunden. Die Entspannungsübungen sind eine Folge von Anspannung und Entspannung verschiedener Muskeln, wobei Gedanken und Gefühle ZUR RUHE KOMMEN. Ab fünf Jahren können Sie mit Ihrem Kind spielerisch üben – jeweils fünf bis zehn Minuten reichen. Hier eine einfache Übung zum Ausprobieren: Ihr Kind sitzt bequem auf einem Stuhl und schließt die Augen. Seine Hände liegen locker auf seinen Oberschenkeln. Nun soll es die linke Hand zur Faust ballen und die Spannung 10 Sekunden halten. Dann öffnet es die Hand und bleibt 30 Sekunden lang ruhig liegen. Nun macht es das Gleiche mit der rechten Hand. Sagen Sie ihm, dass es die Entspannung bewusst wahrnehmen darf. Mit der Zeit lernt Ihr Kind, die Entspannungsübungen bei Bedarf auch selbstständig anzuwenden.

Fantasiereisen

Schon Kindergartenkinder lieben Fantasiereisen. Sie können dabei mit Leichtigkeit die traumhaftesten Dinge tun. Die Texte sollten mit ruhiger, entspannter Stimme gesprochen werden, ob Sie sie vorlesen oder sich selbst ausdenken – und darin werden Sie immer besser werden! Sprechen Sie langsam, und machen Sie Pausen zwischen Ihren Sätzen. Hier ein Beispiel: Ihr Kind legt oder setzt sich in einem wohlig warmen Raum bequem hin. Führen Sie es gedanklich auf eine warme, sonnige Wiese: »Du bist auf einer schönen großen Wiese. Die Sonne scheint auf deine Haut. Dir wird angenehm warm, du spürst die Sonne auf den Beinen, den Armen und dem Gesicht. Das ist sehr schön. Du fühlst dich ruhig und entspannt. Ein bunter Schmetterling kommt und flattert an dir vorbei zu einer schönen Blume. Du fliegst mit ihm mit, von Blüte zu Blüte. Zuerst zu einer Löwenzahnblüte. Nun zu einer Sonnenblume. Gemeinsam lasst ihr euch auf eurer Blüte sanft vom leichten, warmen Wind schaukeln. Ihr schnuppert den Duft der Wiese.

6

Nun flattert ihr langsam wieder los. Ihr fliegt zusammen über die Wiese zurück und landet schließlich … hier auf deiner Decke! Du darfst deine Augen nun wieder öffnen!« Es ist wichtig, dass Sie Ihr Kind am Schluss immer mit ein paar Worten IN DIE REALITÄT ZURÜCK-HOLEN. Wenn es noch etwas abwesend wirkt, sagen Sie ihm, dass es ein paar Mal nacheinander die Hand zur Faust ballen soll.

Fantasiereisen sind schon für Kindergartenkinder gut geeignet. Geschlossene Augen sind hilfreich, Sie sollten aber gerade bei kleinen Kindern nicht darauf bestehen – die Erfahrung kann sonst zu intensiv werden. Einige Buch- und Hörtipps finden Sie auf Seite 154.

Yoga-Asanas

Hatha-Yoga ist rund 4000 Jahre alt und stammt aus Indien. Die Atem- und Körperübungen (Asanas) dehnen und entspannen. Es gibt auch Kurse für Kinder, aber eher selten für Kinder unter acht Jahren. Hier eine einfache Übung – ein Klassiker für Eltern und Kinder, weil sie so viel Spaß macht und schön laut ist: »Der Löwe«. Hocken Sie sich auf die Fersen, so dass Unterschenkel und Fußrücken am Boden aufliegen und der Po auf den Fersen sitzt. Mit aufrechtem Rücken strecken Sie nun die Arme nach vorn. Jetzt die Finger spreizen, Augen und Mund weit aufreißen, die Zunge herausstrecken und brüllen wie zwei Löwen! Dabei kann man auch gut Aggressionen abbauen.

Mandalas malen

Die Kreisbilder mit einer immer wiederkehrenden Struktur sind der große Renner in Kinderbuchabteilungen. Vielleicht erinnern die Vorlagen Sie ein wenig an »Malen nach Zahlen« – aber für Kinder hat die meditative Konzentration der klar geordneten Strukturen eine sehr entspannende Wirkung. Malen Sie doch mit! Wenn Ihnen das Vorlagenkaufen zu langweilig ist, können Sie ja mit Zirkel und Geodreieck selbst zu Werke gehen.

Wenn das Sandmännchen kommt

Der Übergang zwischen Wachsein und Schlafen ist gerade für Kinder von drei bis sechs Jahren oft mit Ängsten verbunden. Da tut es Ihrem Kind gut, Sie an seiner Seite zu wissen, wenn es ins Land der Träume eintaucht. Sie sind sein Verbündeter gegen die Monster, die sich unter dem Bett versteckt haben könnten, und gegen schlechte Träume. »Zubettgehzeit ist Papazeit!«, sagt die sechsjährige Paula. Da hat sie recht: Wann sonst können Sie, wenn Sie berufstätig sind, so in Ruhe und entspannt Zeit mit Ihrem Kind verbringen?

Abendrituale

Zu den Abendritualen gehört zunächst einfach, mit Ihrem Kind die »Pflichtübungen« zu absolvieren: waschen, Zähne putzen, Schlafanzug anziehen. Stellen Sie sich beim Zähneputzen dazu und putzen Sie mit – geben Sie damit die Zeit vor: zwei Minuten. Kinder putzen meist sehr schnell, aber weniger gründlich. Wahrscheinlich müssen Sie noch etwas nachputzen. UND JETZT KOMMT DIE KÜR:

→ Wenn Sie merken, dass Ihr Kind noch zu viel Energie hat, um zu schlafen, toben Sie noch etwas mit ihm durchs Wohnzimmer.

→ Vielleicht tragen Sie Ihr Kind ins Bett, wenn es das mag. Dann packen Sie es rundum schön in seine Bettdecke ein und geben dem Kuscheltier den Auftrag, auf Ihr Kind aufzupassen.

→ Plaudern Sie noch ein wenig mit Ihrem Kind; es darf erzählen, was es mag: Was heute gut war, was nicht so gut, was es sich vom morgigen Tag wünscht … Fragen Sie Ihr Kind, worüber es heute gelacht hat, und erzählen auch Sie eine fröhliche Begebenheit aus Ihrem Tag.

→ Oder Sie lesen Ihrem Kind eine Geschichte vor oder erzählen sie selbst. Lassen Sie sich nicht von Hörgeschichten auf CD verdrängen! Fürs Einschlafen gibt es schöne Vorlesegeschichten, welche ins Land der Träume führen, etwa die vom Kapitän Nemo (siehe Seite 154).

6

Die Hauptsache ist aber, dass die Geschichte Ihrem Kind gefällt. Wundern Sie sich nicht, wenn es sich lange Zeit immer wieder den gleichen Text wünscht, bevor es einschläft. Dieses Ritual gibt Ihrem Kind Sicherheit, die es gerade dann braucht, wenn es von der realen Welt in das REICH DER TRÄUME geht. Wenn Sie auch nur ein Wort ändern oder versuchen, die Geschichte abzukürzen, merkt Ihr Kind das sofort: »Das stimmt nicht, das heißt doch …«

Wenn Ihr Kind ins Leserattenalter kommt, so ab sieben Jahren, möchte es vielleicht ganze Bücher mit Ihnen zusammen lesen, zum Beispiel jeden Abend ein Kapitel. Womöglich will es sich irgendwann für all die Jahre treuen Vorlesens bei Ihnen bedanken und liest Ihnen selbst mal ein Kapitel vor!

Wird Ihr Kind neun, zehn Jahre alt und liest gerne selbst, kann es sein, dass sich das mit dem Vorlesen langsam erledigt. Bleiben Sie trotzdem abends noch ein wenig am Bett Ihres Kindes sitzen, plaudern mit ihm oder lesen Sie für sich etwas.

WICHTIG

Machen Sie vor dem Einschlafen reinen Tisch

Wenn es zwischen Ihnen und Ihrem Kind einen Konflikt gibt oder sogar richtig »gekracht« hat, versuchen Sie, ihn spätestens am Abend aus der Welt zu schaffen. Machen Sie den ersten Schritt und fragen Sie je nach Situation zum Beispiel: »Was hat dich verletzt?« Hören Sie Ihrem Kind wirklich zu, ohne sich gleich zu verteidigen. Sagen Sie ihm aber auch, was Sie verletzt hat.

Hat Ihr Kind einen Schaden angerichtet, geben Sie ihm die Möglichkeit, ihn wiedergutzumachen. Machen Sie ihm ein eindeutiges Versöhnungsangebot – samt großer Friedensumarmung.

Ein Hoch auf die Langeweile

»Puh, das war was«, erzählt Ludwig, »mit ihrer Langeweile hat mich meine Tochter Lisa lange Zeit wirklich terrorisiert. ›Papa, mir ist so fad‹, war ihr Standardspruch. Was hab ich mich angestrengt: Spielen, Vorlesen, Spazierengehen, nichts war ihr recht. Bis ich verstanden habe: LISA BRAUCHT IHRE LANGEWEILE. Jetzt sage ich: ›Gut, dir ist langweilig. In einer halben Stunde hab ich Zeit für dich, überleg dir mal, was du machen magst.‹ Am Anfang gab es noch Krokodilstränen, aber das hatten wir schnell hinter uns. Jetzt kommt sie mit ganz klaren Vorschlägen, wie Spielplatzgehen. Seitdem ist sie nicht mehr so zickig und wankelmütig, und die Langeweile tut ihr richtig gut.«

Durch die Langeweile, dieses Gefühl des Nichtausgefülltseins, der Eintönigkeit, der Öde, müssen wir Menschen hindurchgehen, um zu merken, was wir wirklich wollen. Auch Ihr Kind muss das lernen. Natürlich nicht auf einmal: Erst mit vier, fünf Jahren können Sie von ihm ansatzweise verlangen, sich mit Langweile auseinanderzusetzen.

Am Anfang braucht es durchaus Vorschläge von Ihnen, denn oft will es auch einfach Ihre Nähe genießen. Fragen Sie nach: »Ist dir wirklich langweilig oder willst du einfach, dass ich mit dir etwas mache?« Kinder gestehen das durchaus ein und sagen: »Ja, Papa, ich will mit dir zusammen sein, KOMM, WIR MACHEN WAS.« Mit vier, fünf Jahren muss sich Ihr Kind aber langsam auch mit sich selbst beschäftigen können, anfangs zumindest eine halbe Stunde lang. Nur so entwickelt es Eigenständigkeit, Selbstverantwortung und Souveränität. Wenn es allerdings Schmerzen hat, sich fürchtet oder ein Erlebnis hatte, das es nicht einordnen kann, dann braucht es Ihre Zuwendung sofort.

Ihr Kind muss lernen, dass Sie nicht dafür zuständig sind, seine Langeweile zu vertreiben. Achten Sie aber darauf, dass es sich nicht nur vor den Fernseher und den Computer flüchtet. Wenn es das tut, machen Sie andere Vorschläge und motivieren Sie Ihr Kind.

6

Lernen
und Schule:
Mein Papa hat mir das erklärt!

7

→ »Mein Papa kann alles«, sagt Ihr Kind wahrscheinlich mit vier Jahren im Kindergarten.
Für Kinder in diesem Alter ist Papa der Größte
– und der wichtigste Lerntrainer. Wie Sie mit
Ihrem Kind in der ersten Zeit seines Lebens
umgehen, trägt wesentlich dazu bei, wie sich
die Vernetzungen in seinem Gehirn entwickeln und damit seine Verhaltens- und Gefühlswelt sowie seine Fähigkeit zum Lernen.

Ihr Kind lernt
an Ihrem Vorbild

Für Ihr Kind ist das Lernen mit Ihnen und von Ihnen sehr wichtig. Es beschränkt sich natürlich keineswegs auf das schulische Lernen: Kinder lieben es, mit ihrem Vater neue Wissens- und Sachgebiete zu erforschen. An seinem Beispiel sehen sie außerdem, wie man sich selbst reguliert: wie man entspannt. Wie man sich beherrscht. Wie man mit schwierigen Menschen und Situationen umgeht. Wie man anderen hilft. Wie man sich abgrenzt. Rechnen Sie damit, DASS IHR KIND SIE GENAU BEOBACHTET!

Sie haben als Vater einen großen Einfluss auf das Lernen Ihres Kindes. Es nimmt Ihre Stimme, Ihren Tonfall und Ihre Bewegungen wahr, lange bevor es den Sinn Ihrer Worte versteht und lange bevor es selbst zu sprechen beginnt. Auch wenn dieses Lernen unbewusst geschieht, so speichert Ihr Kind das, was es mit Ihnen erfährt und erlebt – auch die Atmosphäre und die Stimmungen. Ihr Kind lernt mit Ihnen und durch Sie, es reichert durch das Zusammensein mit Ihnen seinen Erfahrungsschatz an.

Lernen kann absichtlich erfolgen – wenn Sie zum Beispiel mit Ihrem Kind täglich zehn englische Vokabeln lernen – oder beiläufig, etwa wenn Sie gemeinsam einen Krimi lesen und dabei erfahren, welche Spinnenart giftig ist und welche nicht. Ihr Kind kann auf der geistigen Ebene lernen, etwa wenn es die verschiedenen Grundrechenarten übt, oder auf der körperlichen, etwa wenn es Radfahren lernt. Lernen findet aber auch auf der sozialen Ebene statt, etwa wenn Ihr Kind sich in die Kindergartengruppe integrieren muss.

»Mein Papa weiß alles«, sagt Ihr Kind wahrscheinlich mit ungefähr vier Jahren. Was es von Ihnen lernt und erfährt, dringt tief in seine Verhaltens- und Gefühlswelt ein.

7

»Papa, wie geht das?« Machen Sie Ihrem Kind die Welt verständlich

Der wichtigste Antrieb zum Lernen heißt Neugierde. Stacheln Sie die Neugierde Ihres Kindes an, damit es sich die Welt erschließen kann!

So wie der fünfjährige Moritz, der zur Zeit die Welt entdeckt: Beim Wald- und Wiesenspaziergang deutet er auf fast jede Blume und will wissen, wie sie heißt. Wenn er Tierspuren entdeckt, will er wissen, was das für ein Tier ist, ob es gefährlich ist und wie es aussieht.

Wenn er ein Auto sieht, will er wissen: »Papa, wie geht das?«

Wenn Ihr Kind die Sprache entdeckt, will es auch wissen, WIE DIE WELT FUNKTIONIERT. Dann überhäuft es Sie mit Fragen. Wie Sie damit umgehen, beeinflusst sehr stark, ob Ihr Kind seine Neugier leben und weiterentwickeln kann oder ob es – wenn Sie unwirsch oder gelangweilt reagieren – sich zurückzieht und seine natürliche Neugier immer weniger wird.

→ Warum ist der Himmel blau?

→ Warum kann ich nicht nur Pommes essen?

→ Wie kommt der Strom in die Steckdose?

→ Warum fallen die Sterne nicht vom Himmel?

→ Wieso können Glühwürmchen leuchten?

→ Warum wackelt Wackelpudding?

→ Kriegen Eisbären eine Gänsehaut?

→ Was ist Luft?

→ Was macht der Maikäfer im Juni?

Ein **Vater ist besser** als **hundert Lehrer.**

[Englisches Sprichwort]

Wahrscheinlich können Sie nicht alle Fragen Ihres Kindes aus dem Stand beantworten. So manche kindliche Frage ist eine Standardaufgabe im Vordiplom des betreffenden Studienfachs, zum Beispiel »Warum ist der Himmel blau?« bei den Physikern. Ihr Kind sorgt dafür, dass Ihre kleinen grauen Zellen nicht einrosten und Sie die Welt immer wieder neu entdecken können.

Wo Sie Antworten finden

Es gibt Bücher, die eine große Anzahl von Kinderfragen samt kindgerechter Antworten zusammenfassen. Bestimmungsbücher für Pflanzen, Tiere, Steine, Sterne sind praktische kleine Helfer für den Spaziergang mit Ihrem Kind. Ein paar Tipps finden Sie auf Seite 155. Im Internet gibt auf fast alle Fragen www.wikipedia.de übersichtlich Antwort. Sie müssen die Texte nur noch für Ihr Kind »übersetzen«.

Mehr als nur Wissen

Auf viele Fragen Ihres Kindes gibt es aber nicht unbedingt eine kurze, eindeutige Antwort. Wenn es zum Beispiel fragt: »Warum sitzt denn der in einem Stuhl mit Rädern?«, sind Sie nicht nur gefordert, Ihrem Kind zu erklären, dass dieser Mensch gehbehindert ist und welche Gründe es dafür geben könnte. Sondern Sie philosophieren auch mit ihm, was das für den Menschen möglicherweise bedeuten kann. Was kann er alles nicht (mehr) tun? Was ist ihm noch möglich? Sehr schnell sind Sie dann bei der Frage aller Fragen gelandet: bei der nach dem SINN DES LEBENS. Lassen Sie sich darauf ein! Natürlich kann es auch zu viel werden. Dann können Sie auch mal sagen: »Weißt du was, geh jetzt doch mal spielen, beim Abendessen kannst du mir wieder Löcher in den Bauch fragen.« Das gilt vor allem, wenn Ihr Kind sich in eine wahre »Fragenschleife« hineingesteigert hat und Ihnen die sinnvollen Antworten ausgehen: »Papa, warum trinkst du Kaffee?« – »Weil er mir schmeckt!« – »Warum?« …

7

»Papa,
hilfst du mir bei Mathe?«

Helfen Sie als Eltern Ihrem Kind bei den Hausaufgaben und beim Lernen. Teilen Sie sich diese Aufgabe, je nachdem, wer von Ihnen beiden in welchem Bereich seine Stärken hat.

Der neunjährige Stefan ist eigentlich ein guter Schüler – nur nicht in Mathe. Am Anfang kämpfte sein Vater sehr damit, dass sein Sohn so gar nichts von seiner Begabung geerbt zu haben schien. Mittlerweile hat er sich getröstet: »Dafür kann mein Junge Geschichten erzählen, und wenn es um Kreativität geht, ist er mir um Längen voraus.« Immer wenn eine Mathearbeit ins Haus steht, macht er mit Stefan einen Zeitplan, und dann lernen die beiden eine Woche lang darauf hin. In Bereichen, die man nicht gleich im Schlaf beherrscht, ist eben Durchhaltevermögen gefragt – das kann Stefan von Papa lernen.

INFO

Die Konzentrationsspanne von Kindern

Je älter Ihr Kind ist, umso länger kann es sich »am Stück« konzentrieren. Mit fünf bis sieben Jahren sind es ca. 15 Minuten, mit acht bis neun Jahren ca. 20 Minuten und mit zahen Jahren ca. 25 Minuten. Ihr sechsjähriges Kind sollte also spätestens nach 15 Minuten Lernzeit eine 5- bis 10-minütige Pause zum Erholen und zum Entspannen einlegen. Im Laufe eines Lernnachmittags sollte die Dauer der Lernphasen abnehmen und die Dauer der Entspannungsphasen zunehmen. Der Lernplan für ein neunjähriges Kind könnte so aussehen: 20 Minuten Lernen, 5 Minuten Pause, 15 Minuten Lernen, 8 Minuten Pause, 10 Minuten Lernen.

Mit Spaß lernt es sich besser!

Viele Kinder freuen sich auf ihren ersten Schultag. Sie wollen voller Freude die Welt, die Menschen und sich selbst entdecken. Doch oft mündet ihr WISSENSDURST nach einigen Monaten Stillsitzen in Langeweile und Überforderung. Es gibt zahlreiche positive Ansätze für eine kindgerechte Schule – aber noch sind wir weit davon entfernt. Helfen Sie Ihrem Kind in den Fächern, in denen es sich schwer tut. Fördern Sie in der Freizeit seinen natürlichen FORSCHERDRANG. Lachen Sie viel mit Ihrem Kind. Sorgen Sie immer für genug Bewegung! Unterstützen Sie Ihr Kind wirksam beim Lernen:

→ Seien Sie geduldig. Unter Druck lernt Ihr Kind so gut wie gar nichts. Manche Inhalte müssen auch einfach etwas »nachwirken«, manchmal fällt der Groschen dann über Nacht.

→ Holen Sie Ihr Kind dort ab, wo es steht. Es hat zum Beispiel keinen Sinn, mit ihm Textaufgaben lösen zu wollen, wenn es in den Grundrechenarten noch unsicher ist.

→ Informieren Sie sich über den Lernstoff: Es gibt im Buchhandel gut aufbereitete Lernhefte für alle Fächer und Klassen.

→ Zerlegen Sie den Stoff in kleine Schritte. Erklären Sie anschaulich und mit so vielen Beispielen wie möglich. In Mathe können Sie zum Beispiel wirklich mit Äpfeln oder Nüssen rechnen, bis Ihr Kind Addieren und Subtrahieren verstanden hat.

→ Entdecken Sie mit Ihrem Kind das Ungewöhnliche, das Neue an den Aufgabenstellungen. Machen Sie ein Abenteuer daraus, indem Sie diese in eine abenteuerliche Geschichte verpacken, die Ihr Kind und Sie erleben. Selbst Multiplikationen bekommen EINEN HAUCH VON VERWEGENHEIT, wenn Sie den Treibstoffbedarf für Ihr Raumschiff ausrechnen, um von der Erde auf den Mond zu kommen. Der Fantasie- oder Erlebnisaufsatz eignet sich hervorragend dafür, wirklich Erlebtes oder imaginäre Heldentaten zu Papier zu bringen.

7

→ Nehmen Sie sich genug Zeit. Es ist jedoch besser, jeden Tag 20 Minuten mit Ihrem Kind zu lernen, als mit ihm zweimal die Woche zwei Stunden zu pauken.

→ Loben Sie Ihr Kind mindestens so viel, wie Sie es kritisieren. Bringen Sie Ihre Kritik SACHLICH an – bleiben Sie beim Loben aber authentisch, sonst nimmt Ihr Kind Ihnen die Begeisterung nicht ab.

→ Genießen Sie die Lernzeit als gemeinsame Zeit, gönnen Sie sich Belohnungen und feiern Sie Erfolge.

→ Verschieben Sie das Lernen mit Ihrem Kind auf später, wenn Sie gerade sehr gestresst sind. Machen Sie eine Entspannungsübung (siehe Seite 132) oder eine kleine Pause (siehe Seite 142), und gehen Sie dann das Lernen erfrischt an.

TIPP

»Meine liebe Hausaufgabenfrau«

Wenn Sie auf Dauer das Gefühl haben, dass das gemeinsame Lernen Ihr Kind nicht weiterbringt, suchen Sie eine Bezugsperson von außen – vielleicht einen Studenten oder eine Studentin –, die Ihrem Kind in den »kritischen« Bereichen hilft. Es ist ganz normal, dass Außenstehende unbefangener und entspannter mit einem Kind lernen können! Und Sie können mit Ihrem Kind wieder den Alltag genießen. Damit setzen Sie auch ein Signal, dass Ihnen Ihr Kind wichtiger ist als seine Leistung.

Kontrollieren Sie nicht zu sehr, wie konzentriert und intensiv die beiden miteinander lernen! Oft braucht es gar nicht viel, damit der Knoten platzt. Die Hauptsache ist, dass Ihr Kind einen guten Draht zu der Person hat, denn das ist die beste Motivation, sich zu steigern.

»Mein Papa kann das!«
Gemeinsam lernen

Nicht für die Schule, sondern für das Leben ... Ihr Kind lernt neben dem gemeinsamen Hausaufgabenmachen und Vokabeln-Abfragen vor allem auch bei allen Aktivitäten mit Ihnen.

Ihr Kind lernt also mit und von Ihnen – nicht nur, indem es Sie beobachtet, sondern auch sehr oft dann, wenn Sie mit ihm gemeinsam aktiv sind: Beim Reden und Zuhören übernimmt Ihr Kind von Ihnen zum Teil auch Ihr Kommunikationsverhalten. Bei gemeinsamen Abenteuern und Spielen, beim Hantieren und Werkeln vermitteln Sie ihm auch Ihre WERTE UND WELTANSCHAUUNGEN. Beim Sport sind Sie Vorbild für Ihr Kind, was Fairness, Durchhaltevermögen und Kampfgeist angeht. Auch wenn Sie sich selbst gut entspannen können, stellen Sie die Weichen für Ihr Kind mit, ob es heute und später gestresst oder entspannt durchs Leben geht.

Entdecker- und Erfinderfreude

Bleiben Sie bei allen Aktivitäten immer mit Ihrem Kind in Kontakt. Natürlich brauchen Sie länger, wenn Ihr Kind zum ersten Mal mitmacht, und das Ergebnis ist wahrscheinlich nicht immer das, was Sie von sich selbst erwarten würden. Aber das, was Ihr Kind dabei lernt, ist UNBEZAHLBAR. Und der Spaß auch!

Ganz wichtig ist auch, dass Sie Ihrem Kind nicht alles vorgeben, was es tun soll, und ihm immer gleich sagen, wie etwas funktioniert. Machen Sie sich zusammen schlau! Denn so behält Ihr Kind das Gelernte nicht nur als ganz besonderes Wissen und Können, sondern erlebt auch das wichtige Gefühl, selbst etwas geleistet, geschaffen, entdeckt zu haben. Zerlegen Sie gemeinsam den alten, ausgedienten Computer. Forschen Sie zusammen im Internet. Erfinden Sie ein neues Kochrezept ...

7

Hand in Hand werkeln

Einige ganz klassische handwerkliche Dinge lernen Kinder häufig von ihrem Vater. Bleiben Sie dabei immer mit Ihrem Kind in Verbindung: Zeigen Sie ihm genau, wie einzelne Handgriffe funktionieren. Erarbeiten und planen Sie gemeinsam die nächsten Schritte. Arbeiten Sie wirklich zusammen – lassen Sie Ihr Kind nach Kräften mithelfen.

Einen Drachen bauen und steigen lassen

Das Wetter ist herrlich, kein Gewitter ist in Sicht, der Wind weht nicht zu stark und nicht zu flau – ein perfekter Tag zum Drachensteigenlassen, wie es ihn vor allem im Herbst oft gibt. Wichtig ist, dass man ein größeres freies Feld hat, ohne Bäume, ohne Häuser und, ganz wichtig, ohne Strommasten. Zum Beispiel sind die städtischen Flutmulden um einen Fluss oder Bach oft gut geeignet.

Natürlich können Sie und Ihr Kind den Drachen im Spielzeuggeschäft kaufen. Aber viel schöner ist EIN SELBST GEBAUTER. Beginnen Sie mit einem einfachen Modell – wenn Sie beide dann das »Drachenfieber« erwischt, können Sie immer kunstvollere Himmelsgleiter bauen, ob nach historischem Vorbild oder Ihrer Fantasie folgend. Es gibt auch Sportdrachen, mit denen man richtig über die Erde »segeln« und mit der Kraft des Windes spielen kann. Einen Buchtipp und eine hilfreiche Internetadresse finden Sie auf Seite 155.

Drachen haben eine lange Geschichte und haben schon vielfältige Einsatzzwecke erlebt, etwa als meteorologischer Drachen oder sogar zum Personentransport – vielleicht hat Ihr Kind Lust, dazu mit Ihnen im Internet zu forschen.

Die Drachenleine darf nicht länger als 100 Meter sein und muss aus spezieller Drachenschnur bestehen. Eine stark gespannte Leine kann Schnittwunden verursachen, darum besser Handschuhe tragen. Vor jedem Start sollten Sie Ihren Drachen auf eventuelle Schäden prüfen, etwa Risse im Segel oder angeknackste Leisten.

Pfeil und Bogen bauen

Beim Waldspaziergang oder im Garten kommen Kinder oft auf die Idee, Pfeil und Bogen zu bauen. Am besten eignen sich dafür Zweige des Haselnussstrauches. Suchen Sie gemeinsam einen Haselstrauch und wählen Sie eine gerade gewachsene, biegsame Haselrute aus, die Sie mit einem scharfen Messer abschneiden. Befreien Sie sie von kleinen Zweigen und schneiden Sie an beiden Enden des Stockes eine Kerbe für die Schnur ein.

Die Schnur sollte fest, aber dünn sein. Sehr gut geeignet ist zum Beispiel eine Maurerschnur aus dem Baumarkt. Legen Sie die Schnur durch die Kerben an beiden Enden und ziehen sie so an, dass Spannung auf den Bogen kommt. Verknoten Sie die Schnurenden nun mehrfach. Um die Mitte des Bogens wickeln Sie ein Stück Stoff oder Leder, das festgeklebt oder als LUXUSVERSION an den Rändern zusammengenäht wird. Die Pfeile machen Sie aus dünnen, möglichst geraden Haselruten, die an einem Ende zugespitzt werden und am anderen eine Kerbe bekommen.

Zielen Sie niemals mit Pfeil und Bogen auf eine Person, und vereinbaren Sie ein klares Ziel, auf das geschossen wird, ideal ist eine Zielscheibe aus geflochtenem Stroh. Schießen Sie niemals, wenn jemand – auch seitlich – vor Ihnen steht. Wenn Ihr Kind mit Pfeil und Bogen spielt, müssen Sie immer dabeibleiben – auch wenn nur auf »Wasserbomben« gezielt wird, die an einer Schnur baumeln.

7

> Auch in einem **Königshaus**
> lernt man, wie die **Affen lernen:**
> **indem** man die Eltern **beobachtet.**

[Charles Mountbatten-Windsor | *Prince of Wales (*1948)*]

Stelzen bauen und damit herumlaufen

Vor langer Zeit wurden Stelzen von Schafhirten an der Atlantikküste erfunden, um keine nassen Füße mehr zu bekommen und besser über Gestrüpp hinwegsehen zu können. Heute lieben es fast alle Kinder, auf Stelzen zu laufen: endlich mal die Welt von (etwas weiter) oben betrachten und sich dabei auch noch fortbewegen können – ein herrliches Gefühl! Das Stelzenlaufen ist außerdem eine hervorragende Schule fürs GLEICHGEWICHT. Im Spielzeuggeschäft gibt es fertige Stelzen zu kaufen – oder Sie bauen sie ganz einfach selbst, was ihren Wert natürlich in die Höhe schnellen lässt. Stelzen sollten aus fest verschraubten, massiven Buchenholzteilen gebaut werden. Eine genaue Anleitung finden Sie im Internet, Adresse siehe Seite 155.

Halten Sie die Stelzen fest, während Ihr Kind aufsteigt. Sobald es oben ist, sollte es zunächst einmal sein Gleichgewicht ausbalancieren, bevor es losläuft. Wenn es noch nicht darin geübt ist, mit Stelzen zu gehen, halten Sie die beiden Stangen weiter fest und gehen Sie die ersten Schritte mit. Geeignet sind ebene, aber natürlich nicht zu glatte Untergründe, ideal ist es auf Rasen.

Schnitzen mit dem eigenen Taschenmesser

Wenn Sie Ihrem Kind sein erstes eigenes Taschenmesser schenken, ist das bestimmt sein ganzer Stolz (siehe Seite 85). Es will natürlich viele Gelegenheiten haben, das kostbare Stück auch zu benützen: Beim Zurechtschneiden und Verzieren eines Wanderstocks oder eines Stocks zum Grillen, für Pfeil und Bogen, für ein Rindenboot oder ein Wasserrad. Aus kleinen Aststücken mit Gabelungen lassen sich lustige Garderobenhaken bauen: Die Rinde abziehen, die Ecken rund schnitzen und das Ganze mit einem Gesicht bemalen, die beiden Enden der Astgabel werden zu Mütze und Nase. Aus einem Stück gewölbter Wurzel lässt sich eine schöne Behausung für die Weihnachtskrippe bauen.

Später will Ihr Kind sich vielleicht auch an feinere Arbeiten heranwagen: Männchen fürs »Mensch ärgere dich nicht« oder sogar EINEN SATZ SCHACHFIGUREN – aus hellem Holz macht Ihr Kind den einen Satz, aus dunklem Holz schnitzen Sie die »Gegenspieler«. Das Schachspiel wächst so im Laufe von Wochen oder Monaten heran. Perfektion spielt keine Rolle, die Fantasie gehört beim Schnitzen unbedingt dazu.

Trauen Sie Ihrem Kind dabei nicht zu wenig zu, sonst verliert es das Interesse – und für kleine »Ausrutscher«, die immer mal vorkommen, haben Sie ein Erste-Hilfe-Täschchen bereit. Wenn Ihr Kind sich in der Schule für Linolschnitt begeistert, können Sie sich später auch richtiges Schnitzwerkzeug zulegen, das ähnlich funktioniert und mit dem man feine Reliefs und Figuren hinbekommt.

Ein Fahrrad reparieren

Wenn Sie und Ihr Kind begeisterte Radfahrer sind, dann ist es auch Ehrensache, das Fahrrad gut zu pflegen und wenn möglich selbst zu reparieren. Dann können Sie Ihrem Kind auch ein wirklich gutes Fahrrad kaufen und keines der verbreiteten »Wegwerfmodelle«.

Zeigen Sie Ihrem Kind, wie es die Kette mit einem weichen, dicken Lappen von grobem Schmutz befreit und mit Öl (nicht zu viel, nicht auf die Felgen kommen lassen!) versorgt. Auch auf die beweglichen Teile der Schaltung und der Bremse gehört immer mal ein Tröpfchen Öl. Flicken Sie gemeinsam den Schlauch, wenn er ein Loch hat. Kommen Sie gemeinsam den leidigen Problemen mit der Beleuchtung auf die Spur: Ist ein Kabel lose? Ist der Dynamo nicht richtig angebracht, oder muss einfach das Birnchen ausgewechselt werden?

Viele Kinder lieben es auch, das eigene Fahrrad im Sommer gründlich zu waschen und mit einem speziellen Radwachs AUF HOCHGLANZ zu polieren – machen Sie eine gemeinsame Aktion daraus!

Auf Seite 156 finden Sie eine Internetadresse, die bei der Fahrradpflege und bei fast allen Problemen hilft.

7

Im Garten etwas zum Wachsen bringen

Wenn Sie selbst gern gärtnern, macht das wahrscheinlich auch Ihrem Kind Freude. Schon das Vorbereiten der Beete im Frühjahr ist für Kinder oft sehr beruhigend, entspannend und im wahrsten Sinne des Wortes erdend.

Nicht nur für Kinder ist es immer wieder ein tolles Gefühl, wenn sich aus einem winzigen Samen EINE BEEINDRUCKENDE BLUME oder ein riesiger Kürbis entwickelt, und das oft in ziemlich rasantem Tempo. Auch duftende Kräuter sind für Kinder sehr gut geeignet oder die hoch rankende Kapuzinerkresse mit ihren leuchtenden Blüten, die schnell wächst, gut riecht und die man sogar essen kann.

Wenn schließlich die selbst angebauten und geernteten Radieschen oder Tomaten zum Abendessen, mit selbst gezogenem Schnittlauch bestreut, auf dem Tisch stehen, ist der Erfolg Ihres stolzen »Kleingärtners« perfekt.

Wenn Sie keinen Garten haben, bringen Sie doch in der Wohnung oder auf dem Balkon etwas zum Wachsen. Das ist besonders empfehlenswert, wenn Sie in der Stadt leben und Ihrem Kind möglichst viel Natur nahebringen wollen. Zum Beispiel lassen sich in einem Blumentopf gut PFERDEBOHNEN ziehen, denen man beim Wachsen fast zusehen kann und die köstlich schmecken. Oder Sie stecken Sonnenblumenkerne in große Tontöpfe und bewundern gemeinsam die riesigen Blumen, die sich daraus entwickeln.

Nach der berühmten Pädagogin Maria Montessori ist das Gießen von Pflanzen übrigens eine der wichtigsten Übungen beim Gärtnern: Kinder lernen dabei auf der einen Seite, die Verantwortung für einen lebenden Organismus zu übernehmen. Auf der anderen Seite fördert das punktgenaue Wässern und Absetzen der Kanne aber auch die Motorik und die Hand-Augen-Koordination. Damit ist es eine wunderbare Vorübung zum Schreibenlernen!

Interesse wecken, Fähigkeiten entdecken

Nicht nur beim Werken und Basteln lernt Ihr Kind von Ihnen, sondern auch bei vielen anderen Dingen, die zu Familie und Kindsein einfach dazugehören und immer neue Lernimpulse geben.

Musik machen

Egal, ob Sie toll singen können oder Ihren eigenen Gesang grässlich finden: Ihr Kind liebt es, mit Ihnen zu singen! Bringen Sie ihm alle LIEDER UND KANONS bei, an die Sie sich erinnern, notfalls lesen Sie in alten Liederbüchern oder im Internet nach. Und dann geht's los, ob beim Autofahren, Geschirrspülen oder Wandern.

Sie können auch mit Ihrem Kind Instrumente bauen: Zuerst aus Töpfen und Kochlöffeln, aus alten Waschmaschinentrommeln, die mit Papier bespannt werden, aus Waschbrettern, aus einem Schneebesen, in den Sie einen Tischtennisball stecken. Aus dem Eierschneider wird eine Harfe, aus verschieden großen Flaschen eine Pfeifenorgel. Geben Sie einen Rhythmus vor und lassen Ihr Kind dazu einsteigen.

Später können Sie sich auch am Bau von »richtigen« Instrumenten versuchen (Buchtipp siehe Seite 155).

Wenn Ihr Kind sich irgendwann entschließt, ein Instrument ernsthaft zu erlernen, geben Sie ihm unter allen Umständen diese Möglichkeit!

Auto waschen

Nicht nur die Autowaschanlage (siehe Seite 85) finden Kinder toll, auch das Waschen der Familienkutsche mit ganz viel Schaum und anschließender Politur ist ein Highlight im Vater-Kind-Alltag. Zeigen Sie Ihrem Kind, wie's richtig sauber wird und wie man alles schön glänzend poliert. Bitte beachten Sie, dass man wegen der Abwässer ein Auto nur auf dafür vorgesehenen Anlagen selbst waschen darf.

7

Durchs Fernglas oder die Linse gucken

Für Ihr altes Fernglas begeistert sich Ihr Kind mit Sicherheit! Gehen Sie gemeinsam auf einen Hügel oder fahren Sie mit dem Lift in den vierzehnten Stock eines Hochhauses. Zeigen Sie Ihrem Kind, wie man einen bestimmten Punkt ausfindig macht. Auch sehr spannend: Der (Binnen-)Hafen mit den großen Schiffen! Irgendwann will Ihr Kind bestimmt durch ein RIESENTELESKOP schauen, etwa auf der Sternwarte oder im Technikmuseum. Wenn Sie einen kleinen, leicht zu bedienenden Fotoapparat haben, sollten Sie ihn ebenfalls mal Ihrem Kind überlassen. Vielleicht entdeckt es eine Leidenschaft fürs Verkleidungen-Fotografieren oder für besonders schöne Naturmotive.

Auf dem Flohmarkt Sachen verkaufen

Misten Sie gemeinsam aus: Alles, was noch brauchbar ist, aber nicht mehr benützt wird, kommt in die Flohmarkt-Kiste. Machen Sie sich kundig, wann in Ihrer Nähe ein Flohmarkt stattfindet, und mieten Sie dort einen Stand. Am Flohmarkt-Tag lernt Ihr Kind viel über den Umgang mit Menschen und erweitert seine kommunikativen Fähigkeiten. Es lernt außerdem, sich von Sachen zu trennen, die es nicht mehr wirklich braucht. Beim PREISEAUSHANDELN erfährt es nicht nur viel über den Umgang mit Geld, sondern auch übers Nachgeben, Standhaftbleiben und Kompromissefinden. Vom Erlös geht dann ein kleiner oder auch großer Wunsch in Erfüllung.

Zimmer aufräumen

Ja, richtig gelesen: Das Aufräumen ist ganz zu Unrecht als langweilig in Verruf geraten. Wichtig dabei: Lassen Sie Ihr Kind nicht allein in seinem Zimmer schmoren, bis alles »picobello« ist, sondern entwickeln Sie mit ihm zusammen ein systematisches Aufräumen mithilfe von Regalfächern, Kisten und Beschriftungen. Ein schönes Gefühl, wenn schließlich alles an seinem Platz ist – auch für Sie!

Lernen Sie auch von Ihrem Kind

Vor allem im emotionalen Bereich lernen Väter sehr viel von ihren Kindern: sich ganz auf eine Sache oder eine Person einlassen. Sich fallen lassen. Spaß haben; unbeschwert und unbefangen, herzlich und leidenschaftlich sein, albern sein und AUS GANZEM HERZEN LACHEN. Neue Wörter, neue Spiele, neue Sportarten, neue Fähigkeiten, eine ganz neue Sichtweise auf die Welt. Sie entdecken ihre Herzlichkeit und Offenheit neu. Wovon Väter besonders schwärmen, ist das Im-Hier-und-Jetzt-Sein mit ihren Kindern, die Spontaneität, das Aufgehen im Moment: Wenn sie gemeinsam eine halbe Stunde lang einen Käfer beobachten. Wenn sie etwas Tolles zusammen bauen und dabei alles um sich herum vergessen.

Väter lernen die Freunde ihres Kindes kennen und unternehmen mit allen zusammen etwas Tolles – dabei können sie ihre Fähigkeiten als Leiter einer Gruppe erproben, können sich darin üben, Interesse zu wecken und zu motivieren.

Aber auch Einfühlungsvermögen, Pünktlichkeit, VERLÄSSLICHKEIT, Verantwortung für ein Kind zu übernehmen, Grenzen zu setzen lernen Väter. Und: sich vom Sofa loszureißen. Viele Väter bringen das Lernen von ihren Kindern so auf den Punkt: »Kinder geben dir für deine Entwicklung eine zweite Chance.« Nutzen Sie sie!

7

Man bleibt jung,
solange man noch lernen,
neue Gewohnheiten annehmen
und Widerspruch ertragen kann.

[Marie von Ebner-Eschenbach | *österreichische Schriftstellerin (1830–1916)*]

Bücher und Adressen, die weiterhelfen

Bücher

Erziehungsthemen

Baisch, V./Neumann, B., *Das Väter-Buch*; Knaur

Ballnik, P., *Vater bleiben – auch nach der Trennung*; mvg-Verlag

Ballnik, P., *Vater und Sohn: Ideen für eine bessere Beziehung*, dtv

Ballnik, P., *Vater und Tochter: Ideen für eine bessere Beziehung*, dtv

Ballnik, P./Martinetz, E./ Garbani-Ballnik, O., *Lebenswelten Vater–Kind, positive Väterlichkeit und männliche Identität*; Österreichisches Bundesministerium für soziale Sicherheit, Generationen und Konsumentenschutz (siehe Adresse des Autors)

Bentheim, A./Murphy-Witt, M., *Was Jungen brauchen*; GRÄFE UND UNZER VERLAG

Bergmann, W., *Die Welt der neuen Kinder. Erziehen im Informationszeitalter*; Walter

Cierpka, M., *Faustlos – Wie Kinder Konflikte gewaltfrei lösen lernen*; Herder

Gibran, Kh., *Der Prophet*; dtv

Gordon, T., *Familienkonferenz: Die Lösung von Konflikten zwischen Eltern und Kind*; Heyne Verlag

Herold, S., *300 Fragen zur Erziehung*; GRÄFE UND UNZER VERLAG

Hüther, G./Nitsch, C., *Wie aus Kindern glückliche Erwachsene werden*; GRÄFE UND UNZER VERLAG

Kast-Zahn, A., *Jedes Kind kann Regeln lernen*; GRÄFE UND UNZER VERLAG

Kunze, P./Salamander, C., *Die schönsten Rituale für Kinder*; GRÄFE UND UNZER VERLAG

Nichols, M. P., *Die wiederentdeckte Kunst des Zuhörens*; Klett-Cotta

Nitsch, C./Hüther, G., *Kinder gezielt fördern*; GRÄFE UND UNZER VERLAG

Satir, V., *Mein Weg zu dir: Kontakt finden und Vertrauen gewinnen*; Kösel

Schulz von Thun, F., *Miteinander reden*; Rowohlt

Stamer-Brandt, P./Murphy-Witt, M., *Das Erziehungs-ABC: von Angst bis Zorn*; GRÄFE UND UNZER VERLAG

Gesundheit und Entspannung

Adams. S., *Neue Fantasiereisen*; Don Bosco

Heepen, G. H., *Schüßler-Salze für Kinder*; GRÄFE UND UNZER VERLAG

Keudel, Dr. med. H., *Kinderkrankheiten*; GRÄFE UND UNZER VERLAG

Koneberg, L./Förder, G., *Kinesiologie für Kinder*; GRÄFE UND UNZER VERLAG

Konnertz, D./Sauer, C., *Entspannen, fit in 30 Minuten*; GABAL-Verlag

Petermann, U., *Die Kapitän-Nemo-Geschichten: Geschichten gegen Angst und Stress*; Herder

Petermann, U., *Entspannungstechniken für Kinder und Jugendliche: Ein Praxisbuch*; Beltz

Stellmann, Dr. med. H. M., *Kinderkrankheiten natürlich behandeln*; GRÄFE UND UNZER VERLAG

Stumpf, W., *Homöopathie für Kinder*; GRÄFE UND UNZER VERLAG

Vagedes, Dr. med. J./Soldner, G., *Das Kinder-Gesundheitsbuch*; GRÄFE UND UNZER VERLAG

Spielen, werkeln, lesen und die Welt entdecken

Ashley, C. W./Meyer-Uhl, G., *Das Ashley-Buch der Knoten*; Edition Maritim

Auerbach, I., *Kriegen Eisbären eine Gänsehaut?: Neue spannende Fragen und Antworten für Kinder und Erwachsene*; Ullstein

Braun, P., *Pilze einfach und sicher bestimmen*; GRÄFE UND UNZER VERLAG

Dietl, E., *777 tolle Kinderwitze*; Ravensburger Buchverlag

Dietl, E., *Was sagt das Stachelschwein zum Kaktus? Die witzigsten Scherzfragen aller Zeiten*; Arena

Elschenbroich, D., *Weltwissen der Siebenjährigen: Wie Kinder die Welt entdecken können*; Goldmann

Grahame, K., *Der Wind in den Weiden*; dtv

Hell, I./Arnim, O., *Das große Buch der 555 interessantesten Kinderfragen*; Compact

Hensel, W., *300 Fragen zur Natur*; GRÄFE UND UNZER VERLAG

Hermann, J., *Welcher Stern ist das? Sterne und Planeten entdecken und beobachten*; Kosmos

Hofmann, H., *Wildkräuter. Wildfrüchte: Bestimmen leicht gemacht*; GRÄFE UND UNZER VERLAG

Lenz, N., *X-tra starke Kinderwitze*; Ravensburger

Lischka, A., *Die Experimusizierwerkstatt: Instrumente erforschen, selbst bauen und spielen*; Persen

Mahrenholz, K./Parisi, D.: *Spielen! 1000 Sachen machen mit Papa*; Sanssouci

Nicolai, J./Singer, D./Wothe, K., *Vögel. Bestimmen leicht gemacht*; GRÄFE UND UNZER VERLAG

Stichmann-Marny, U./Stichmann, W./Kretzschmar, E., *Der große Kosmos-Naturführer Tiere und Pflanzen*; Kosmos

Stiekel, B., *Kinder fragen, Nobelpreisträger antworten*; cbj

Thiel, H. P., *Unsere Erde von A – Z. Ein Lexikon für Kinder*; Egmont Franz Schneider Verlag

Adressen und Links

www.ballnik.eu
Webseite des Autors. Hier können Sie auch kostenlos die Broschüre »Lebenswelten Vater-Kind« herunterladen (siehe Buchtipps).

Bundeskonferenz für Erziehungsberatung e. V., Herrnstraße 53, 90673 Fürth, www.bke.de; www.bke-elternberatung.de: *Adressen der Erziehungsberatungsstellen bundesweit sowie Beratung online*

www.familienhandbuch.de *Hilfe in allen Familien- und Beziehungsfragen*

www.mzfk.de: *Homepage des »Mehr Zeit für Kinder e. V.«*

www.vaeterbildung.de: *Bildung, Projektmanagement und Coaching zu Väter- und Familienfragen*

Zirkus KONFETTI, mobiles Mitmach-Projekt für Väter und Kinder. Christian Meyn-Schwarze, Gerresheimer Straße 63, 40721 Hilden, meyn-schwarze@t-online.de

www.baumarkt.de *Hier finden Sie anhand von entsprechenden Suchbegriffen detaillierte Bauanleitungen, zum Beispiel zu Stelzen oder Drachen.*

www.fahrrad-hilfe.de *Die wichtigsten Tipps und Tricks zur Fahrradpflege und -reparatur*

www.easy-leben.de *Unter »Wachsen > Gartenarbeit mit Kindern« finden Sie einige Tipps zum Gärtnern.*

www.leichtathletik.de; www.oelv.at; www.swiss-athletics.ch *Die Leichtathletikverbände bieten unter den Stichworten »Jugend« und »Kinder« viele Infos und weiterführende Links.*

www.alpenverein.de; www.alpenverein.at; www.alpenverein.ch: *Infos zum Klettern, Wandern und zu Kletterwänden.*

www.adfc.de: *Hier finden Sie viele Infos und Links zum Radfahren lernen und zu Touren.*

www.celinecaravan.de; www.zigeunerwagenferien.ch: *Ferien mit Pferd und Wagen*

www.kanu.de: *Website des Deutschen Kanuverbandes, viele Tipps und Infomaterial*

www.partnachklamm.eu; www.wandern-urlaub.de/buchberg.htm; www.hochseilgarten-verzeichnis.de; www.salzzeitreise.de; www.salzbergwerke.com: *Nur ein paar von vielen tollen Websites zu Klammen,*

Klettergärten und Salzbergwerken.

www.geocaching.de: *Machen Sie mit beim Schätzeverstecken und -suchen: Hier steht, wie's geht.*

Österreich

Österreichische Kinderfreunde, Rauhensteingasse 5, 1010 Wien, www.kinderfreunde.at: *Größte Familienorganisation mit ca. 600 Ortsgruppen/Servicestellen, bietet Infos zu Erziehung, Familienalltag und eine »Papa-aktiv«-Kampagne.*

Männerberatung Wien, Erlachgasse 95, 1100 Wien, www.maenner.at: *Bietet unter anderem Information und Beratung für Männer/Väter.*

www.bmsg.gv.at und bmgj.gv.at: *Homepages der zuständigen Bundesministerien, die direkt oder über eine Suchfunktion (z. B. »Maenner«, »Jungen«, »Maedchen«) viele Informationen zum Thema liefern.*

www.maennerberatung.at: *Informationen und Beratung seitens der Männerberatung Graz* (auch online)

Schweiz

Amt für Jugend und Berufsberatung, Dörflistraße 120, 8090 Zürich, mit Homepage www.lotse.zh.ch: *Infos und Veranstaltungskalender*

Familien- und Erziehungsberatung Basel, Greifengasse 23, 4005 Basel, www.familienberatungbasel.ch

pro juventute, Seehofstraße 15, 8032 Zürich, www.projuventute.ch: *schweizweite Stiftung für Kinder und Eltern mit vielfältigen sozialen Dienstleistungen. Die Suchfunktion liefert viele Fundstellen.*

www.vaeternetz.ch: *Vernetzung und Dialog aktiver Väter, Förderung der partnerschaftlichen Rollenverteilung von Erwerbs- und Familienarbeit*

www.avanti-papi.ch: *Forum der »Progressiven Väter«; viele Infos und praktische Tipps für den Alltag*

Bezugsquellen

Firma W. Purschke, Aberlestraße 23, 81371 München, www.batacas.de: *Hier können Sie hochwertige Schaumstoffschläger »Batacas« in verschiedenen Größen bestellen.*

fidolino GmbH, Iltisstraße 25, 81827 München, www.fidolino.com: *Hier können Sie ein Minitrampolin beziehen.*

JAKO-O GmbH (Versand), Werner-von-Siemens-Straße 23, 96476 Bad Rodach, www.jako-o.de: *Auch hier gibt es Minitrampolins sowie Ballkissen und anderes.*

Register

DIE GU RATGEBER KINDER

Für Ihre Kinder nur das Beste

Sie tun viel für Ihre Kinder – wir tun alles, um Sie dabei zu unterstützen. Unsere Bücher sind geschrieben von **echten Experten** mit langjähriger Erfahrung: Sie bieten Ihnen **aktuelle und bewährte Methoden**, mit denen Sie Ihre Kinder **pflegen** und zärtlich verwöhnen, gesund erhalten und **fördern** können. Alle Übungen, Tipps und Anleitungen sind **mehrfach geprüft** und so geschrieben, dass jeder sie leicht nachvollziehen kann. Natürlich werden alle Inhalte immer auf dem **aktuellen Stand** gehalten.

Und jetzt neu:

GU PLUS

→ **Der GU-Folder** bietet einen echten Zusatznutzen – als Poster, Einkaufshilfe oder praktische Übersicht.

→ **Die 10 GU-Erfolgstipps** vermitteln spezielles Praxis-Know-how aus dem reichen Erfahrungsschatz der Autoren, das den Ratgeber einzigartig macht.

Impressum

© 2010 GRÄFE UND UNZER
VERLAG GmbH, München.
Alle Rechte vorbehalten. Nachdruck,
auch auszugsweise, sowie Verbrei-
tung durch Bild, Funk, Fernsehen
und Internet, durch fotomechani-
sche Wiedergabe, Tonträger und
Datenverarbeitungssysteme jeder
Art nur mit schriftlicher Genehmi-
gung des Verlages.

Projektleitung
Reinhard Brendli

Lektorat
Barbara Kohl

Umschlaggestaltung und Layout:
independent Medien-Design,
Horst Moser, München

Herstellung
Susanne Mühldorfer

Umschlagfoto
Emely Photography

Syndication
www.jalag-syndication.de

Satz
abavo GmbH, Buchloe

Litho
Longo AG, Bozen

Druck & Bindung
Druckhaus Kaufmann, Lahr

ISBN 978-3-8338-1364-1
1. Auflage 2010

Wichtiger Hinweis

Alle Ratschläge und Anregungen
in diesem Buch wurden vom
Autor sorgfältig recherchiert und
in der Praxis erprobt. Dennoch
können nur Sie selbst entscheiden, ob und inwieweit Sie diese
Vorschläge mit Ihrem Kind
umsetzen können und möchten.
Lassen Sie sich in allen Zweifels-
fällen zuvor durch einen Arzt
oder Therapeuten beraten.

Weder Autor noch Verlag können für eventuelle Nachteile oder
Schäden, die aus den im Buch
gegebenen praktischen Hinweisen resultieren, eine Haftung
übernehmen

Die GU-Homepage finden Sie im
Internet unter www.gu.de

Unsere Garantie

Alle Informationen in diesem Ratgeber sind sorgfältig und gewis-
senhaft geprüft. Sollte dennoch
einmal ein Fehler enthalten sein,
schicken Sie uns das Buch mit
dem entsprechenden Hinweis an
unseren Leserservice zurück. Wir
tauschen Ihnen den GU-Ratgeber
gegen einen anderen zum gleichen oder ähnlichen Thema um.

Liebe Leserin
und lieber Leser,

wir freuen uns, dass Sie sich für
ein GU-Buch entschieden haben.
Mit Ihrem Kauf setzen Sie auf die
Qualität, Kompetenz und Aktuali-
tät unserer Ratgeber. Dafür sagen
wir Danke! Wir wollen als führen-
der Ratgeberverlag noch besser
werden. Daher ist uns Ihre Meinung wichtig. Bitte senden Sie
uns Ihre Anregungen, Ihre Kritik
oder Ihr Lob zu unseren Büchern.
Haben Sie Fragen oder benötigen
Sie weiteren Rat zum Thema?
Wir freuen uns auf Ihre Nachricht!

Wir sind für Sie da!
Montag–Donnerstag:
8.00–18.00 Uhr;
Freitag: 8.00–16.00 Uhr
Tel.: 0180-5005054*   *(0,14 €/Min. aus
dem dt. Festnetz/
Fax: 0180-5012054*   Mobilfunkpreise
E-Mail: leserservice@   können
abweichen.)
graefe-und-unzer.de

P.S.: Wollen Sie noch mehr
Aktuelles von GU wissen, dann
abonnieren Sie doch unseren
kostenlosen GU-Online-News-
letter und/oder unsere kostenlosen Kundenmagazine.

GRÄFE UND UNZER VERLAG
Leserservice
Postfach 86 03 13
81630 München

GRÄFE
UND
UNZER

Ein Unternehmen der
GANSKE VERLAGSGRUPPE